NOVE AULAS INOVADORAS NA UNIVERSIDADE

COLEÇÃO
MAGISTÉRIO: FORMAÇÃO E TRABALHO PEDAGÓGICO

Esta coleção que ora apresentamos visa reunir o melhor do pensamento teórico e crítico sobre a formação do educador e sobre seu trabalho, expondo, por meio da diversidade de experiências dos autores que dela participam, um leque de questões de grande relevância para o debate nacional sobre a Educação.

Trabalhando com duas vertentes básicas – magistério/formação profissional e magistério/trabalho pedagógico –, os vários autores enfocam diferentes ângulos da problemática educacional, tais como: a orientação na pré-escola, a educação básica: currículo e ensino, a escola no meio rural, a prática pedagógica e o cotidiano escolar, o estágio supervisionado, a didática do ensino superior etc.

Esperamos assim contribuir para a reflexão dos profissionais da área de educação e do público leitor em geral, visto que nesse campo o questionamento é o primeiro passo na direção da melhoria da qualidade do ensino, o que afeta todos nós e o país.

Ilma Passos Alencastro Veiga
Coordenadora

EDILEUZA FERNANDES DA SILVA

NOVE AULAS INOVADORAS NA UNIVERSIDADE

PAPIRUS EDITORA

Capa: Fernando Cornacchia
Coordenação: Ana Carolina Freitas
Diagramação: DPG Editora
Copidesque: Lúcia Helena Lahoz Morelli
Revisão: Elisângela de Freitas Montemor,
Isabel Petronilha Costa e
Maria Lúcia A. Maier

Dados Internacionais de Catalogação na Publicação (CIP)
(Câmara Brasileira do Livro, SP, Brasil)

Silva, Edileuza Fernandes da
Nove aulas inovadoras na universidade/Edileuza Fernandes da Silva. – Campinas, SP: Papirus, 2011. – (Coleção Magistério: Formação e Trabalho Pedagógico)

Bibliografia.
ISBN 978-85-308-0932-4

1. Ensino superior 2. Inovações educacionais 3. Pedagogia universitária 4. Pesquisa educacional 5. Professores universitários – Formação profissional 6. Professores universitários – Prática de ensino I. Título. II. Série.

11-04368   CDD-378.125

Índices para catálogo sistemático:
1. Docência universitária: Prática de ensino: Educação superior 378.125
2. Pedagogia universitária: Educação superior 378.125

Exceto no caso de citações, a grafia deste livro está atualizada segundo o Acordo Ortográfico da Língua Portuguesa adotado no Brasil a partir de 2009, em conformidade ao prescrito no Vocabulário Ortográfico da Língua Portuguesa (Volp) da Academia Brasileira de Letras e suas correções e aditamentos divulgados até a data desta publicação.

Proibida a reprodução total ou parcial da obra de acordo com a lei 9.610/98.
Editora afiliada à Associação Brasileira dos Direitos Reprográficos (ABDR).

DIREITOS RESERVADOS PARA A LÍNGUA PORTUGUESA:
© M.R. Cornacchia Livraria e Editora Ltda. – Papirus Editora
R. Dr. Gabriel Penteado, 253 – CEP 13041-305 – Vila João Jorge
Fone/fax: (19) 3272-4500 – Campinas – São Paulo – Brasil
E-mail: editora@papirus.com.br – www.papirus.com.br

HOMENAGEM PÓSTUMA

A Caroline Fernandes Pires da Silva, filha amada, bafejo de alegria que mudou a minha vida e me incentivou em todos os sentidos. Um raio de luz, uma estrela encantada. Sua chegada e sua permanência foram como uma brisa suave, um abraço encantado. Sua partida precoce ensina que não temos o domínio sobre o tempo, a vida e a morte, e nos dá também o testemunho de que o dom da vida pertence a Deus e só Ele sabe o tempo de cada um. A você, princesinha, meu amor incondicional.

SUMÁRIO

PREFÁCIO 9
Ilma Passos Alencastro Veiga

INTRODUÇÃO 19

1. TRAJETÓRIA METODOLÓGICA:
   CAMINHANDO E SEMEANDO 21

2. DOCÊNCIA UNIVERSITÁRIA: A AULA EM QUESTÃO 29

3. A AULA UNIVERSITÁRIA: INOVAÇÃO TÉCNICA
   OU EDIFICANTE? 193

REFERÊNCIAS BIBLIOGRÁFICAS 217

PREFÁCIO

Este livro da professora doutora Edileuza Fernandes da Silva foi apresentado inicialmente como tese ao Programa de Pós-graduação em Educação da Universidade de Brasília. Como sua orientadora, sinto-me orgulhosa pela produção acadêmica de natureza didática da autora. Visa compreender, analisar e explicar as situações de ensino de conteúdos de disciplinas nas aulas de diferentes campos científicos. O estudo foi tratado com rigor epistemológico e metodológico, e a tarefa foi cumprida com ética, compromisso político e social.

Ao longo do texto, Edileuza tece considerações sobre os princípios e as relações presentes nas aulas que imprimem a elas características inovadoras e edificantes. Apresenta os desafios a serem transpostos, considerando-os no contexto atual da educação superior, sinalizando as possibilidades para a inovação, identificando algumas trilhas viáveis para o fortalecimento de aulas inovadoras, construídas pelos movimentos de resistência dos professores investigados. Cabe ainda ressaltar que as categorias expostas em cada aula analisada emergiram do contato direto com o campo de pesquisa, dos diálogos e das entrevistas narrativas desencadeados com os interlocutores (docentes e estudantes). A análise dessas ricas informações e dos dados coletados não teve como objetivo construir um modelo de aula ideal. A busca foi "por experiências inovadoras vividas por professores e alunos, que possam contribuir para instaurar e/ou ampliar o debate sobre a aula no espaço da universidade, para pensar uma nova organização desse espaço-tempo, numa perspectiva criativa e inovadora", como afirma a autora.

Adentrando a totalidade das aulas observadas e analisadas pela pesquisadora, procurei identificar e compreender os aspectos didáticos e epistemológicos priorizados pelos docentes que formam profissionais em nível superior. Nesse sentido, ficou evidente a concepção de didáticas específicas alicerçadas na didática de cunho mais geral, no campo epistemológico de cada disciplina observada e analisada, bem como na experiência acumulada pelos professores pesquisados. Mergulhei nas narrativas das aulas com o intuito de ressaltar os pontos relevantes e de fortalecer não só o que estava no texto, mas também no contexto e nas entrelinhas. Assim, recorri à releitura das narrativas das aulas e das entrevistas para enaltecer as características das didáticas específicas e suas conexões com as epistemologias das disciplinas analisadas dos cursos de medicina, odontologia, psicologia, educação física, pedagogia, história, comunicação social, administração e medicina veterinária.

A aula da disciplina imunologia médica, do currículo do curso de medicina, deixa claros três princípios fundantes: a intencionalidade do processo de ensino, a indissociabilidade entre ensino, pesquisa e extensão, e o conflito entre os diversos conhecimentos. O processo didático está centrado na articulação entre a concepção de medicina-ciência e medicina-arte, no sentido de desdobrar a atuação dos futuros médicos do foco da doença para o paciente que necessita de tratamento. A avaliação abrange processos complexos do pensamento, a fim de motivar os alunos para a resolução de problemas. Trata-se de um processo inovador instaurado por meio de uma proposta didática assentada no questionamento do próprio campo científico, na relação pedagógica como encontro e confronto de ideias, conceitos, argumentos e contra-argumentos. O núcleo da questão epistemológico-didática de aula foram o conhecimento médico e os modos de produzir e conhecer, tendo como referências os estudantes –

sujeitos – e as situações concretas. O caráter da didática específica foi entrelaçado pelo caráter epistemológico da ciência médica por meio da pesquisa, do processo argumentativo, da reflexão coletiva no espaço da aula e da ressignificação da proposta de ensino.

No campo científico da odontologia, na disciplina prótese fixa 1, o professor desenvolve um estilo próprio de ensinar que possibilita o fortalecimento do pensar, do atuar e do sentir a atividade docente. Esse estilo manifestou-se nas intervenções realizadas pelo professor a fim de oportunizar aos alunos a construção da autonomia reflexiva baseada no conhecimento. Contribui para a caracterização da didática específica fundamentada nos princípios da solidariedade e das relações colaborativas, tendo em vista que o trabalho odontológico é isolado e individualizado. Outro ponto importante diz respeito às dimensões humana, ética, reflexiva e criadora do processo didático desenvolvido. A didática específica desencadeada pelo professor de prótese fixa 1 enfatiza que a crítica sobre a prática odontológica deve acompanhar o processo técnico para que a reflexão favoreça a compreensão das necessidades básicas da população no tocante à saúde bucal corretiva e preventiva. Há preocupação com o clima da aula baseada na construção, e a relação pedagógica é pautada na confiança e na receptividade. A avaliação é permeada pelo diálogo e fundamenta-se na absorção das práticas odontológicas para a aquisição e o aperfeiçoamento das habilidades especiais. Essa didática específica construída pelo professor reveste-se de caráter político e pedagógico calcado nos conhecimentos do campo epistemológico e na experiência do professor-odontólogo.

A disciplina superdotação, talento e desenvolvimento humano (STDH) é oferecida no curso de psicologia. A análise da narrativa da aula de psicologia deixa claras as evidências de uma didática específica, construída na esteira dos seguintes princípios: formação do ser humano (estudante); e ênfase nas atividades práticas na aula e na comunidade para o fortalecimento da unidade teoria e prática. Com relação ao processo didático, a ênfase recai na construção coletiva do conhecimento com o uso do computador e com a criação do *site* da turma. Dessa forma, os alunos compartilham com o professor a compensação, a execução e a avaliação da aula e do plano de ensino. A didática específica desenvolvida pela professora de psicologia permite a reorganização do planejado ao realizar pequenas avaliações ao longo do processo, possibilitando aos alunos a revisão das atividades acadêmicas e a construção do conhecimento em seu próprio ritmo. Por essa visão de didática específica, a relação pedagógica como categoria fundante do ensino é afetiva, respeitosa e colaborativa, a fim de atingir a construção da autonomia do sujeito em processo de formação.

A aula da disciplina aprendizagem perceptivo-motora, do curso de licenciatura em educação física, sinaliza alguns pontos de inovação que, de certa forma, indicam possibilidades para se elaborar uma didática específica com o núcleo da questão centrado na busca pela relação entre teoria e prática, no processo de construção do conhecimento. A reflexão epistemológica sobre o conhecimento científico é o princípio norteador da didática da educação física. Ao longo do processo didático, o professor revê conceitos, fortalece a relação entre teoria e prática a fim de formar professores que atuem de modo crítico numa realidade educativa multirreferencial. A aula é espaço de diálogo entre os saberes dos pesquisadores e cientistas e os saberes práticos e experienciais. O movimento como objeto da educação física é explorado por meio da linguagem corporal. Assim, a linguagem didática é carregada de gestos e expressões faciais e corporais. Os estudantes expressam suas emoções. As dimensões cognitivas, afetivas e psicomotoras são trabalhadas de forma complementar. A construção de uma rede conceitual pelos estudantes por meio das inter-relações dos conteúdos da disciplina com outras áreas de conhecimento caracteriza o processo didático. A sistemática avaliativa traz em si a concepção formativa, de diálogo com os estudantes. Ouvir o aluno é a tônica presente na relação pedagógica, criando condições e situações didáticas que viabilizem a concretização da aprendizagem. Isso significa que ensinar conteúdo de educação física com vistas à aprendizagem consiste em pensar e agir com o movimento corporal.

A razão do ensino é assegurar os meios e as condições para que a aprendizagem ocorra. Esse é o significado que o professor da disciplina curricular denominada educação matemática 1, do curso de pedagogia, explicita em suas aulas. O que se verifica nesse processo de leitura das narrativas são os modos de pensar e agir didaticamente no campo específico da matemática. A ideia central contida nessa didática específica é a maneira de o professor lidar pedagogicamente com a educação, que depende do modo de lidar epistemologicamente com a matemática. Ou seja, pensar matematicamente sobre educação matemática. Essa forma de desenvolver o ensino da disciplina, em parte, exige do professor o enunciado de dois princípios didáticos específicos. O primeiro diz respeito à relação entre ensino e pesquisa, sustentada em três vertentes: a que se dá no ensino da disciplina; a que se refere ao trabalho de iniciação científica; a que se vincula à pesquisa realizada na escola pública. O segundo princípio enfatiza a importância de partir do senso comum dos alunos, procurando transformá-los, configurá-los com as contribuições da ciência. Essa forma de compreender a atividade de ensino da disciplina educação matemática exigiu do professor o domínio do conteúdo específico, mas também o dos procedimentos pedagógicos e investigativos. O aporte epistemológico e metodológico que o professor de educação matemática 1 desenvolveu em seu processo didático é fortalecido pelo trabalho de pesquisa, o que torna possível a relação entre a teoria e a prática, e pelo uso pedagógico de jogos e projetos. A avaliação é um movimento cíclico que retroalimenta as práticas. A relação pedagógica está fundamentada na atividade, no acolhimento e na solidariedade. Nesse sentido, a aula é um ato de criação.

É importante salientar que, para construir sua aula e delinear uma didática específica, o professor de história medieval 2, que atua no curso de bacharelado em história, recorreu aos conhecimentos históricos e às experiências diversificadas, vivenciadas ao longo de sua trajetória profissional. A narrativa apresentada por Edileuza serve de inspiração para as bases de uma didática específica do ensino de história, ao articular a epistemologia da área ao campo pedagógico-didático. É com base nessa narrativa que se percebem as características de uma didática de cunho específico, a qual tem como compromisso a ideia de que não basta o que ocorreu na história, é preciso pensar historicamente. Essa forma de pensar historicamente o ensino da disciplina requer um trabalho com as fontes históricas como opção metodológica. É uma lógica emancipatória que fortalece a história pesquisada nas fontes, na gênese, que possibilita aos estudantes meios para pensar e desenvolver o pensamento teórico-prático. Nesses termos, o papel da didática utilizada pelo professor de história é o de: trabalhar os conhecimentos a partir das fontes a fim de instaurar um processo de transição do ensino reprodutivo para a lógica emancipatória; favorecer o protagonismo dos sujeitos na sala de aula; facilitar o desenvolvimento da prática e a aproximação com saberes da alta cultura e os saberes populares, propiciando o diálogo. O acompanhamento e a avaliação ocorrem ao final de cada aula, ouvindo dos alunos manifestações em torno do conteúdo trabalhado, ensejando a compreensão do significado da pesquisa histórica. A relação pedagógica fortalece o diálogo entre professor e aluno, permeado pelo conhecimento para que eles cheguem às próprias conclusões. Há uma preocupação com a formação do historiador para o domínio do conhecimento histórico e para o desenvolvimento investigativo.

No curso de comunicação social, na disciplina métodos e técnicas de pesquisa em comunicação, o professor focaliza a pesquisa como uma prática social, propiciando ao estudante o pensar metodologicamente e o refletir epistemologicamente. Trata-se de uma didática própria para as situações do ensino no campo científico da comunicação social. O ensino e a aprendizagem procuram compreender que a matriz da experiência didática é a reflexão sobre o processo metódico, sobre as escolhas que o aluno fez, sobre as relações, os conceitos e o pensar científico. É uma didática específica como forma de desestabilizar, de pensar, de descobrir, de desconfiar das certezas absolutas. Os princípios norteadores da atividade de ensino na comunicação social são: o conhecimento é construído por meio do diálogo; o pensar crítico alicerça a experiência dialógica e a relação entre professor e aluno, viabilizando a comunicação. Nesse sentido, esses princípios contribuem para a constituição da didática colaborativa, favorecendo a construção do conhecimento calcado no caráter emancipador e argumentativo da ciência que sustenta o curso. Como afirma Edileuza: "A perspectiva proposta é a da pesquisa como uma prática social que pressupõe uma relação dialética entre o sujeito do conhecimento e o objeto a ser conhecido". No âmbito da narrativa, observei também as características relacionadas à curiosidade e à busca pelo conhecimento como marcos fundantes da didática desenvolvida pelo professor, que assume o papel de quem "incomoda". Por essa perspectiva, a didática busca a "transitividade crítica", mais voltada para o desenvolvimento do pensamento e para a qualidade do conhecimento que está sendo produzido no campo epistemológico da comunicação social. O processo didático é um espaço de experimentação, de compartilhamento de ideias, na busca de soluções. É um processo que valoriza a aprendizagem, a interatividade e a interdependência entre sujeito e objeto. Uma didática que reconhece a diversidade de pontos de vista, de perspectivas culturais, de ideias e experiências. Pelo perfil formativo do professor, que é no campo da educação, pude verificar nas entrelinhas da narrativa uma didática específica que compreende a riqueza do diálogo no contexto da polifonia da comunicação social. A avaliação ajuda o professor a reestruturar a aula, possibilitando inclusive a participação do aluno na organização do trabalho didático. Na realidade, na conjuntura atual necessitamos de uma proposta didática que rompa com os obstáculos epistemológicos, isto é, com os entraves que aparecem no ato de produção do conhecimento.

Uma das características marcantes do futuro administrador é a "flexibilidade intelectual e adaptabilidade contextualizada no trato de situações diversas, presentes ou emergentes" (CNE/CES n. 4, de 13 de julho de 2005). Essa orientação articulada com a docência na disciplina de administração de recursos humanos favorece o delineamento didático do trabalho do professor orientado pelos seguintes princípios: relação dos saberes curriculares com problemas sentidos e com valores, experiências, conhecimentos que os alunos possuem; abertura da cultura universitária erudita às culturas locais, o que contribui para que os estudantes possam desenvolver-se criticamente em relação ao contexto social e do trabalho: processo didático desenvolvido pelo professor que enaltece a capacidade de decisão dos estudos teóricos e as ações profissionais e o aprender com prazer, utilizando o tempo da aula como "tempo de empenho". Essa didática voltada para a área de administração objetiva promover e ampliar as capacidades dos estudantes pela formação do pensamento teórico-científico aliada à definição de cenários profissionais. Não há dúvida quanto à influência do campo epistemológico na formação do profissional e da posição ocupada pela docente como administradora em uma empresa de grande representatividade nacional e internacional. O ensino como atividade prática realiza-se sempre à luz de alguma concepção sobre o desejável e o possível. Faz-se necessário reconhecer essas concepções e tratar de reconceitualizá-las, para avançar na constituição de uma didática baseada na prática, construída na articulação entre o conteúdo e a forma, nas condições do campo científico em função da posição de docente-administradora ocupada pela professora. Há uma dupla possibilidade de aproximação do campo epistemológico, do conhecimento específico didático como prática de ensino e o mundo do trabalho. Os conhecimentos provenientes da experiência docente de administradora e os fundamentos epistemológicos servem de base para a construção de parâmetros para avaliar a aprendizagem e para reorganizar o trabalho pedagógico. Falta, finalmente, tecer algumas considerações sobre a relação pedagógica. A narrativa explicitada pela pesquisadora deixa entrever três aspectos importantes na construção da relação pedagógica: a forte vinculação entre o desempenho docente e a concretização da aula; as formas de comunicação e as manifestações afetivas e emocionais para lidar com as diferenças e a autoridade profissional que, mesmo sem formação pedagógica, conseguiu realizar a transposição didática. A didática desenvolvida pela professora-administradora é resultante de uma tríade: experiência na profissão, na docência e no convívio com estudantes e professores.

No curso de medicina veterinária, o professor da disciplina patologia veterinária imprime às aulas um caráter contemporâneo a fim de evitar a reprodução sociocultural. A didática construída pelo professor é orientada pelo resultado de pesquisas desenvolvidas pelo docente e fundamentada nas seguintes assertivas: as questões e os problemas que emergem da conjuntura social fortalecem o caráter contemporâneo do conhecimento teórico-científico; em algumas situações de ensino, a forma pode ser até mais importante, no sentido de dar mais significado ao conteúdo. O processo didático desenvolvido respeita a especificidade da área de conhecimento da disciplina e está referido a determinada prática social. Há preocupação, por parte do professor, com as particularidades epistemológicas da disciplina; busca a unidade didático-prática e o ensino-pesquisa no bojo de um "enfoque globalizador do ensino". O papel do professor é o de mediador, de profissional criativo que, por meio do diálogo, favorece as interações com os estudantes movidos pela curiosidade, motivada pelas intervenções didáticas do docente. Vale ressaltar a preocupação do professor com a linguagem do campo científico que envolve a capacidade técnica e o poder social, a competência científica. A avaliação é centrada em provas teóricas e práticas e em relatório específico. A ênfase é na avaliação somativa.

Não pretendi aqui resumir a pesquisa da autora. Minha intenção foi simplesmente ressaltar ainda mais a importância de aulas edificantes e suas respectivas didáticas. Portanto, é com muita satisfação que convido o leitor a mergulhar nas narrativas bem delineadas por Edileuza.

Brasília, verão de 2011
Ilma Passos Alencastro Veiga

INTRODUÇÃO

Para início de conversa...

Este livro apresenta reflexões sobre a *docência universitária*, discutida desde o nascimento da universidade na Europa da Idade Média. A temática insere-se no campo da pedagogia universitária, entendida como uma prática social protagonizada por professores e alunos e orientada por princípios: de autonomia, expressa pela direção de suas próprias leis; de liberdade, que respeita a condição de pessoa livre; de cooperação possível por meio do trabalho coletivo em torno da pesquisa e do ensino; de colaboração que pressupõe um projeto colaborativo de universidade, partindo de objetivos comuns (Araújo 2008). São princípios que favorecem o desenvolvimento científico e a articulação do ensino com a pesquisa, sendo esta orientadora do ensino, favorecendo as relações epistemológicas que a configuram também como um espaço de produção de conhecimentos. Dessa forma, o conceito de aula universitária explorado neste livro privilegia a universidade que tem como função o desenvolvimento articulado do ensino, da pesquisa e da extensão.

Estou consciente quanto à impossibilidade de falar em uma única pedagogia universitária, na perspectiva do que afirma Araújo: "São muitas as pedagogias universitárias, se se levam em conta os nove séculos que viram a universidade, particularmente desde o âmbito da cultura ocidental, fazer-se, consolidar-se e refazer-se" (*ibidem*, p. 28). Compreendo esse movimento de constituição e reconstituição, permeado por tensões e contradições, que tornou possíveis a percepção de sua trajetória e a identificação dos elementos que estão na gênese das mudanças que a universidade tem vivenciado e que interferem na aula, espaço e tempo de formação humana e profissional. Não havendo uma única pedagogia universitária, não há consequentemente um modelo único e puro de aula universitária, pois esta apresenta uma pluralidade e uma diversidade de processos de ensinar, aprender, pesquisar e avaliar. Foi essa percepção um dos fatores que me instigaram a refletir sobre *a aula universitária*, identificando os elementos que imprimem nela características inovadoras, num contexto complexo como o da universidade.

Assim, procurando ampliar um pouco mais o debate em torno da aula universitária que ocorre em instituições públicas ou privadas, este livro analisa: as concepções de aula universitária expressas pelos estudantes e professores; as perspectivas teórico-metodológicas que fundamentam a aula universitária; os fatores que influenciam na caracterização da aula universitária como inovação técnica ou como inovação edificante, e a organização, o desenvolvimento e a avaliação da aula.

1
TRAJETÓRIA METODOLÓGICA: CAMINHANDO E SEMEANDO

Construindo o caminho

Neste estudo, a opção pela abordagem qualitativa fundamentou-se no pressuposto de que não é possível submeter dados levantados em contextos sociais de relações e interações a um esquema simplificador e objetivo de análise, sob o risco de prejudicar a compreensão acurada da realidade determinada social, econômica, cultural e historicamente.

Embora não fosse uma pesquisa etnográfica, no processo da investigação a teoria se construía e reconstruía dialeticamente, perspectiva que, conforme Lüdke e André (1986), aponta para uma pesquisa exploratória e qualitativa, obedecendo ainda aos princípios que caracterizam uma investigação do tipo etnográfico, como o uso de procedimentos tradicionalmente associados à etnografia, como a observação, a entrevista e a análise de documentos.

O estudo envolveu um trabalho de campo que objetivou apreender a realidade da sala de aula em sua completude, analisando e interpretando práticas, relações, entre outros aspectos, o que extrapolou os registros formais em documentos. As situações foram observadas no contexto natural em que ocorreram, oferecendo uma visão da realidade como ela se apresentava e não forjada para atender aos interesses da pesquisadora.

Foram observadas aulas em espaços convencionais, como nas tradicionais salas de aulas e em espaços não convencionais, como em jardins, academia (tatame) e laboratórios de prótese dentária e de patologia veterinária, situações que favoreciam a associação da teoria à prática.

Os critérios de seleção dos cursos: As trilhas no caminho

Para selecionar os cursos analisados no estudo, adotei como critério os mais procurados pelos candidatos ao primeiro concurso vestibular do ano de 2007. Privilegiei na amostra os cursos que tiveram uma demanda acima de 30% e número de inscritos a partir de 300 candidatos, conforme ilustra o Quadro 1. O curso de pedagogia foi selecionado, desconsiderando o critério atribuído aos demais, por sua especificidade na formação de professores para a educação básica, o que pode representar a possibilidade de uma formação centrada em concepções, dimensões e valores diferenciados dos demais cursos.

Quadro 1: Levantamento de demanda por cursos na Universidade de Brasília[1]

FACULDADE	CURSO	VAGAS TOTAL	VAGAS	INSCRITOS	DEMANDA
Faculdade de Agronomia e Medicina Veterinária (FAV)	Medicina Veterinária	15	12	382	31,83
Faculdade de Comunicação (FAC)	Comunicação Social	33	26	1.230	47,31
Faculdade de Ciências da Saúde (FS)	Odontologia	10	8	300	37,50
Faculdade de Educação Física (FEF)	Educação Física	20	16	646	40,38
Faculdade de Medicina (FM)	Medicina	18	14	1.698	121,29
Faculdade de Educação (FE)	Pedagogia (noturno)	21	17	254	14,94

1. Excluindo as vagas destinadas ao sistema de cotas.

FACULDADE	CURSO	VAGAS TOTAL	VAGAS	INSCRITOS	DEMANDA
Faculdade de Economia, Administração, Contabilidade e Ciência da Informação e Documentação (Face)	Administração	26	21	733	34,90
Instituto de Ciências Humanas (IH)	História	15	12	361	30,08
Instituto de Psicologia (IP)	Psicologia	18	14	781	55,79

Fonte: Cespe/UnB – Boletim Informativo 1º vestibular 2007.

Os docentes participantes da pesquisa: Definindo com quem caminhar

Ouvir os discentes na seleção dos professores justificou-se por considerar que seus olhares, percepções e experiências me indicariam os docentes que oportunizaram a eles a vivência de aulas bem-sucedidas na universidade. Foram aplicados 407 questionários com as questões: "Identifique o nome da disciplina e do(a) professor(a) que tenha oportunizado a você a vivência de aulas inovadoras durante seu curso" e "Por que você considera essa(s) aula(s) inovadora(s)?".

As informações obtidas por meio dos questionários levaram-me aos nove professores que ministram as seguintes disciplinas: aprendizagem perceptivo-motora, do curso de educação física; educação matemática 1, do curso de pedagogia; imunologia médica, do curso de medicina; prótese fixa 1, do curso de odontologia; patologia veterinária, do curso de medicina veterinária; história medieval 2, do curso de bacharelado em história; administração de recursos humanos, do curso de administração; métodos e técnicas de pesquisa em comunicação, do curso de comunicação social; superdotação, talento e desenvolvimento humano, do curso de psicologia.

Todos os professores participantes foram receptivos à pesquisa e concordaram em ter suas aulas observadas e registradas em computador portátil sem um agendamento prévio.

Quadro 2: Identificação dos docentes participantes da pesquisa

Identificação*	Idade	Curso	Última formação	Tempo de magistério superior em anos	Situação funcional	
					Regime de trabalho	Categoria
Edilson	----	Medicina	pós-doutorado	30 anos	D.E.**	titular
Nicholas	46	Odontologia	especialização	21 anos	40 horas	auxiliar 4
Angelita	50	Psicologia	doutorado	18 anos	D.E.	adjunto 1
Joaquim	45	Educ. Física	especialização	10 anos	D.E.	convênio SEDF
Crisóstomo	50	Pedagogia	doutorado	22 anos	D.E.	adjunto 2
Victor	39	História	doutorado	12 anos	D.E.	adjunto 1
Paulo	36	Com. Social	doutorado	6 anos	D.E.	adjunto 1
Denise	38	Administração	especialização	16 anos	20 horas	assistente 2
Martinho	39	Medicina Veterinária	doutorado	14 anos	D.E.	adjunto 2

* Os professores participantes da pesquisa estão identificados por pseudônimos, para preservar suas identidades.
** Dedicação exclusiva.

Procedimentos de levantamento de dados: Semeando para colher

Na tentativa de ampliar o campo de percepção, foram privilegiados no levantamento dos dados os seguintes procedimentos: questionário com os estudantes (primeira etapa), análise documental (Diretrizes Curriculares Nacionais dos Cursos e planos de ensino), observação de aulas, entrevista narrativa com os professores e grupo de discussão com os estudantes, cujos professores tiveram aulas observadas.

A análise das Diretrizes Curriculares Nacionais dos cursos e planos de ensino das disciplinas objetivou apreender influências dos princípios e objetivos, das perspectivas teóricas apresentadas e assumidas nesses documentos sobre a forma como as aulas se concretizam, mediadas pelos diferentes docentes dos diversos cursos e áreas. A diversidade de conhecimentos técnico-científicos e epistemológicos pode determinar a forma de organização e produção do conhecimento, bem como seu modo de "transmissão" no processo de ensino. Foi também intenção identificar qual o perfil profissional proposto para cada curso nas Diretrizes Curriculares e as concepções expressas pelos docentes ao conceberem os processos de ensino, pela minha crença de que poderiam influenciar nas escolhas e nas práticas em sala de aula.

A leitura dos dados captados nos documentos antecedeu a dos dados gerados por outros procedimentos, tendo em vista serem os planos de ensino documentos que apresentam os elementos constitutivos da organização da aula, no campo da intencionalidade: objetivos, conteúdos, métodos e avaliação, além da ementa, da justificativa e das referências bibliográficas propostas para a disciplina.

O procedimento de observação de aulas teve seu lugar na investigação, dado que, conforme Cunha (1995, p. 54), "uma prática inovadora só pode ser compreendida no contexto histórico dos indivíduos". A sala de aula é o espaço onde professores e estudantes constroem suas histórias, pautados pela busca do conhecimento por meio de diferentes perspectivas teórico-metodológicas. É o espaço de encontro, de relações pedagógicas mediadas pelo conhecimento.

As observações das aulas ocorreram sem aviso prévio, aspecto relevante por indicar que não houve a preocupação do docente em planejar atividades diferentes para o dia em que a pesquisadora estivesse presente na sala de aula.

As aulas foram observadas em espaços convencionais e não convencionais, como o Laboratório de Patologia Veterinária, localizado no Hospital de Pequenos Animais da UnB, e o Laboratório de Prótese da Faculdade de Saúde. As observações de aulas subsidiaram ainda o planejamento das entrevistas narrativas com os docentes e dos grupos de discussão com os estudantes, além de possibilitar o confronto das práticas observadas com os dados obtidos por meio de outros procedimentos, procurando captar e interpretar o objeto de pesquisa em diferentes perspectivas.

Considerando que apenas as observações não dariam conta de captar os sentidos implícitos às aulas, as concepções e os valores que interferem na definição dos elementos do processo de ensino, além dos aspectos da trajetória pessoal e profissional que influenciam nessa definição, recorri à entrevista narrativa com os professores participantes da pesquisa.

As entrevistas narrativas forneceram elementos que possibilitaram compreender a complexa constituição do ser docente e das práticas pedagógicas para além do que se mostram explicitamente, por meio das marcas impressas pelos interlocutores, sujeitos constituídos historicamente nas relações, na observação, na reflexão, na leitura crítica do mundo. Pelo caráter temporal e espacial em que se inscrevem, conforme analisa Benjamin (1994), essas experiências humanas não podem ser tratadas como mera informação ou relato; elas são a expressão da vida de quem narra, por meio da rememoração de fatos, situações e ideias.

Por essa perspectiva, durante as entrevistas as memórias de cada professor permitiram uma aproximação com suas trajetórias para chegar ao exercício do magistério na universidade, possibilitando compreender o processo de constituição do ser professor e suas concepções de educação, universidade e aula. A memória assumiu importância no processo de narrar a partir do momento em que fez com que o ouvinte acompanhasse a narrativa, retendo a história em seus aspectos explícitos e implícitos.

Para levantar dados dos estudantes dos cursos selecionados, conforme critérios explicitados anteriormente, optei pela realização de grupos de discussão. Os grupos de discussão foram formados com base em uma amostra definida ao longo da pesquisa: no mínimo quatro e no máximo oito estudantes de cada turma observada, totalizando nove grupos de discussão com 57 estudantes participantes. Para a escolha dessa amostra, foram adotados como critérios: indicação feita pelos professores, considerando o conhecimento e as experiências dos entrevistados sobre o tema, e interesse em participar como interlocutor da pesquisa.

Para realização dos grupos de discussão foi elaborado um tópico-guia com temas que serviram de estímulo à discussão entre os estudantes. O tópico-guia não se configurou como um roteiro nem foi apresentado aos participantes, evitando que o vissem como um questionário com questões elaboradas previamente a serem respondidas objetivamente. Pelo contrário, consistiu num instrumento que orientou a condução do grupo de discussão e foi composto de três eixos temáticos. No primeiro eixo, a discussão girou em torno da compreensão que os discentes tinham do que era a aula na universidade; no segundo, eles focalizaram as aulas ministradas pelo professor participante da pesquisa, e, finalizando, discutiram se as aulas poderiam ser consideradas ou não inovadoras e os aspectos que imprimiam o caráter inovador.

A utilização do grupo de discussão constituiu um caminho altamente produtivo e rico porque tornou possível o acesso a um conhecimento coletivo sobre a aula sem desconsiderar o conhecimento individual, ampliou a participação dos estudantes e reduziu as interferências da pesquisadora, diminuindo os riscos de interpretações equivocadas que pudessem influenciar nos resultados encontrados e, por conseguinte, na análise dos dados.

2
DOCÊNCIA UNIVERSITÁRIA: A AULA EM QUESTÃO

Neste capítulo, analiso a aula universitária confrontando os dados levantados em documentos, na observação de aulas, na entrevista narrativa com os professores e nos grupos de discussão com os estudantes, procurando garantir uma interlocução com os sujeitos participantes da pesquisa.

Organizo o capítulo apresentando o curso e suas disciplinas e analisando o plano de ensino para apreender como o docente concebe e organiza as aulas com base no planejamento. Em seguida, caracterizo a sala de aula, importante para o enfoque que será dado a esse espaço no decorrer das análises da aula. Para apreender os fundamentos das práticas vivenciadas na aula, busco, nas narrativas do professor, compreender como se deu sua opção pela docência universitária e quais as suas concepções de docência e aula e a relação que estabelece com o ensino e a pesquisa nesse espaço. No tópico "A aula concebida", o objetivo é compreender como o docente organiza, desenvolve e avalia a aula com base nos saberes constituídos por ele em sua trajetória profissional e nos espaços de formação e autoformação, para buscar relações entre a aula concebida e a aula vivida. Ao adentrar a sala de aula, analiso-a por meio de categorias específicas que emergiram dos dados e dos diálogos com os professores e os alunos. Não houve a definição de categorias a *priori* em respeito às singularidades das ações humanas, no espaço-tempo da aula. O objetivo do tópico "A aula vivida" é compreender os aspectos que imprimem características inovadoras aos processos de ensinar, aprender, pesquisar e avaliar na aula.

A análise não tem como objetivo elaborar um "modelo" de aula, pela impossibilidade de padronizar trajetórias e ações humanas e de apreender toda a realidade observada, dadas a complexidade e a singularidade que a envolvem. A busca é por experiências inovadoras vividas por professores e alunos, que possam contribuir para instaurar e/ou ampliar o debate sobre a aula no espaço da universidade, para pensar uma nova organização desse espaço-tempo, numa perspectiva criativa e inovadora, pautada pela relação pedagógica em que os agentes da aula são

> (...) protagonistas que analisam, problematizam, compreendem a prática pedagógica, produzem e difundem conhecimentos. O professor é protagonista porque ele é quem faz a mediação do estudante com os objetos do conhecimento. O estudante também é protagonista porque é considerado como sujeito da aprendizagem e, conseqüentemente, sua atividade cognitivo-afetiva é fundamental para manter uma relação interativa com o objeto do conhecimento. (Veiga 2001, p. 147)

A aula caracteriza-se pelas relações entre indivíduos que ensinam, aprendem, pesquisam e avaliam, sendo as práticas em seu interior vinculadas a outros contextos socioculturais, e deve concretizar os objetivos e intencionalidades dos projetos pedagógicos dos cursos e da universidade.

No atual cenário da universidade brasileira, diante da necessidade de enfrentamento de novos desafios impostos pelas mudanças políticas, sociais e econômicas, alguns aspectos têm caracterizado o cotidiano da aula, contribuindo para a padronização, a hierarquização e a fragmentação de práticas, discursos, saberes e formação, como a introdução de sistemas de avaliação demandando maior produtividade dos professores e intensificando seu trabalho, a progressiva massificação e a conseqüente heterogeneização dos estudantes (Zabalza 2004). Entretanto, há movimentos de resistência que podem transformar a aula universitária em um espaço de luta, de rompimento com um modelo educativo e social conservador e estabelecido, por meio de experiências direcionadas à aplicação edificante do conhecimento, que sinalizam a busca de professores e alunos pela superação do modelo de aplicação técnica predominante na ciência moderna. Essas experiências se caracterizam como práticas inovadoras na perspectiva do paradigma emergente proposto por Santos (1989) por pautarem-se: pela relação teoria e prática; pela construção do conhecimento baseado nos saberes prévios dos estudantes; pela instituição de práticas dialógicas e reflexivas; pelo ensino com pesquisa; pela relação pedagógica mais horizontalizada entre professor e alunos, ampliando o espaço, o diálogo e as aprendizagens na aula.

São esses os movimentos que privilegiaremos na análise das aulas, por entendermos que eles são indicativos de que a aula se apresenta como um campo de possibilidades inovadoras que podem fazer surgir novas experiências na universidade. O objetivo deste diálogo empiria-teoria é ampliar a compreensão a respeito da aula universitária, além de discutir concepções que subjazem às práticas, problematizando-as para melhor compreender como a aula é organizada, desenvolvida e avaliada. Assim, convido-os a adentrar o espaço da Universidade de Brasília, mais especificamente as nove salas de aulas dos nove cursos pesquisados.

Aula de imunologia médica:[1] "Maiêutica socrática"

O curso: Graduação em medicina

O curso de graduação em medicina da Universidade de Brasília teve início em 1966 e tem como perfil do formando egresso/profissional o médico com

---

1. A disciplina imunologia médica, de seis créditos, é oferecida no quarto semestre, em caráter obrigatório, para os estudantes do curso de medicina. A carga horária semanal é de seis horas-aula, divididas entre aulas teóricas e práticas, desenvolvidas às terças e quintas-feiras, no turno da manhã (dados do segundo semestre de 2008).

(...) formação generalista, humanista, crítica e reflexiva, capacitado a atuar, pautado em princípios éticos, no processo de saúde-doença em seus diferentes níveis de atenção, com ações de promoção, prevenção, recuperação e reabilitação à saúde, na perspectiva da integralidade da assistência, com senso de responsabilidade social e compromisso com a cidadania, como promotor da saúde integral do ser humano. (CNE/CES, n. 4, de 7 de novembro de 2001)

Esse perfil, pelas múltiplas dimensões que abrange, vai requerer do processo formativo o desenvolvimento de conhecimentos científicos, técnicos, artísticos, filosóficos e cotidianos, num processo de ensino e aprendizagem para a construção e a apropriação dos conhecimentos, visando à superação, conforme analisa Reis (2008, p. 11), "(...) das concepções de saúde e doença na medicina moderna, (...). A visão reducionista e mecanicista sobre o pensamento médico resultou no chamado modelo biomédico, que constitui as bases conceituais da moderna medicina científica", que desconsidera práticas alternativas no tratamento da saúde e vincula a doença apenas às causas orgânicas. As Diretrizes Curriculares Nacionais do curso de medicina propõem a superação da lógica hegemônica de formação dos profissionais para o exercício da medicina "técnica"; em seu lugar, a medicina ética e humanizada, orientada pela crítica e pela reflexão.

Para isso, as DCNs (2001) apontam como competências e habilidades gerais requeridas para o profissional da saúde:

- atenção à saúde que não se encerra com a aplicação de técnicas, mas pressupõe a resolução de problemas de saúde em nível individual e coletivo;
- capacidade de tomar decisões, avaliando, sistematizando e decidindo as condutas mais adequadas, pautadas nos conhecimentos científicos;

As aulas práticas acontecem no Laboratório de Imunologia Celular com a mediação de outros professores, não sendo, portanto, objeto de análise desta pesquisa.

- uso da comunicação como meio de interação com o público em geral e outros profissionais;
- liderança para atender ao bem-estar comum;
- gerenciamento e administração da força de trabalho e dos recursos físicos e materiais e da informação;
- responsabilidade e compromisso com a educação permanente na perspectiva do aprender a aprender.

O desenvolvimento dessas competências e habilidades indica quão complexa é a formação do médico e reforça a importância da aula universitária, espaço privilegiado da formação humana e profissional que ocorre na articulação entre o ensino, a pesquisa e a extensão.

Plano de ensino: O proposto

A análise do plano de ensino de imunologia médica revela uma "pedagogia visível" que, de acordo com Bernstein (1990), se caracteriza pela regulação explícita do professor ao definir previamente temas, datas e regime didático, delimitando regras hierárquicas, criteriais e de sequenciamento claras, indicando um forte enquadramento.

O enquadramento se refere ao princípio que regula as práticas comunicativas das relações sociais no interior da reprodução de recursos discursivos, isto é, entre transmissores e adquirentes. Quando o enquadramento é forte, o transmissor controla a seleção, a organização, o compassamento, os critérios da comunicação e da posição, a postura e a vestimenta dos comunicantes, juntamente com o arranjo da localização física. Quando o enquadramento é fraco, o adquirente tem mais controle sobre a seleção, a organização, o compassamento e os critérios da comunicação e sobre a posição, a postura e a vestimenta, juntamente com o arranjo da localização física. (*Ibidem*, pp. 59-60)

O plano apresenta os objetivos sem identificá-los como gerais ou específicos. Os conteúdos apresentam-se como temas seguidos e pontuados em itens com os respectivos dias, horários das aulas e professor responsável. Objetivos e conteúdos se articulam em parte com o que apresentam as Diretrizes Curriculares, ao enfatizarem o desenvolvimento da capacidade crítica e reflexiva e enfocarem a medicina preventiva. Embora não apareçam situados em um contexto mais amplo, não há relação entre os propósitos revelados e os conhecimentos a serem apropriados no curso com a realidade concreta em que fazem sentido quando materializados – o campo de saúde e outros contextos sociais. Esse aspecto levanta a questão sobre a reflexão e a crítica fechadas em torno dos conteúdos e não das questões que emergem do campo profissional. Nessa visão, o ensino de imunologia médica, na dimensão do proposto, não transcende o tratamento técnico-científico dos conteúdos, questionado pelo docente em suas narrativas e no transcorrer das aulas.

A metodologia proposta é pautada pela articulação teórico-prática com a indicação de atividades diversas, como análise de situações-problema com posicionamento crítico e criativo; aulas práticas em laboratório, seguidas da avaliação da compreensão que os discentes tiveram dos princípios, das aplicações e das limitações das técnicas e da interpretação dos resultados obtidos; trabalho escrito de pesquisa com revisão crítica da literatura e diálogos com pesquisadores da área. Essas opções metodológicas buscam a problematização e a vinculação do conhecimento com a realidade, ou seja, uma formação contextualizada em "(...) que o professor estimule nos alunos o desenvolvimento de capacidades para 'jogar o jogo' e sobretudo para 'mudar as regras do jogo'", na perspectiva da educação como emancipação (Cortesão 2006, p. 68). Entretanto, percebe-se uma dissonância entre o conteúdo e a metodologia apresentados no plano, uma vez que os conteúdos não sugerem uma articulação com o contexto mais amplo, conforme discutido anteriormente.

No plano é destinada uma maior atenção à avaliação da aprendizagem, com a identificação dos procedimentos, objetivos e critérios avaliativos. Cada procedimento avaliativo é seguido de prescrição detalhada sobre como a atividade deve ser desenvolvida. Não há a declaração da função que a avaliação assume, mas é possível identificá-la como somativa, pelo predomínio das menções das provas teóricas e práticas e da monografia (trabalho escrito e apresentação oral) sobre o processo vivenciado. A avaliação do desempenho dos alunos nos debates e reflexões durante as aulas, momento significativo de aprendizagem e que imprime características inovadoras às aulas ministradas pelo professor, "poderá" ser utilizada para o "ajuste final da nota do aluno"; uma incoerência, pois o docente evidencia na entrevista concepções que valorizam o processo em detrimento do produto da aprendizagem.

A bibliografia recomendada privilegia autores de artigos, livros, revistas e *sites* de pesquisa estrangeiros, reforçando o caráter elitizado do curso de medicina que pressupõe que todos os estudantes tenham o domínio de outros idiomas, principalmente o inglês, uma necessidade imperiosa na formação profissional. Para a acumulação do capital científico da medicina, os estudantes devem engajar-se no "jogo" e deter os meios para apropriação simbólica da obra científica, uma demonstração da autonomia do campo científico que exige do futuro integrante, sob pena de ser tachado de "desqualificado", "(...) integrar suas aquisições na construção distinta e distintiva que os supera" (Bourdieu 2003, p. 117). A bibliografia não faz referência a monografias, dissertações e teses, incomum para uma proposta de trabalho que valoriza a pesquisa como meio de produção do conhecimento em articulação com o ensino, podendo ser considerada uma incoerência interna ao plano.

O cenário: A sala de aula

As aulas observadas desenvolveram-se em uma sala de aula localizada na Faculdade de Saúde, que acomodava 38 alunos, professor, pesquisadora e outros profissionais da área de saúde. As paredes brancas imprimiam um aspecto de luminosidade à sala que tinha janelas laterais com cortinas pretas, utilizadas para escurecer o ambiente durante as projeções feitas num telão exposto em frente ao quadro. As carteiras universitárias, dispostas em filas paralelas, favoreciam a proximidade com o professor e o diálogo durante as aulas. Havia uma mesa para o docente e sobre ela encontravam-se o computador portátil e o equipamento de projeção multimídia sempre levados pelo docente, indicando serem de uso pessoal.

A docência: "Talvez esteja no meu gene..."

O professor Edilson concluiu a graduação e a especialização em medicina na Universidade Estadual do Rio de Janeiro. O mestrado e o doutorado foram cursados na Universidade Federal do Rio de Janeiro, tendo sua inserção oficial no magistério ocorrido em 1969, nessas duas instituições.

O docente considera que sua opção pelo magistério foi fortemente influenciada pela família: "Talvez esteja no meu gene porque eu sou de uma família de professores. Somos seis irmãos e muitos de nós somos professores, oficialmente ou não". Tardif (2002) ressalta que o ofício de professor é influenciado pelas experiências familiares e escolares anteriores à formação. Em relação ao professor Edilson, sob a influência familiar, o magistério como profissão foi delineando-se ainda na graduação, como explicita a seguir:

> O desejo pela docência extravasou porque logo no segundo ano de medicina eu já era monitor e gostava muito de pré-histologia e comecei a ensinar para os meus colegas. Depois, o tempo todo eu fui ensinando, eu comecei a estagiar na UFRJ, (...) e tudo o que eu aprendia eu tinha a tendência de ensinar para os meus colegas.

A inserção na carreira docente envolveu experiências de monitorias, estágios de residência médica, cursos de pós-graduação *lato* e *stricto sensu* e influências familiares, denotando que a trajetória profissional docente foi constituindo-se a partir de vivências que o direcionaram para a carreira docente, ciente de que este era um campo propício ao ensino e à aprendizagem.

Em relação à formação pedagógica, embora tenha cursado a disciplina didática no mestrado e na Faculdade de Educação da UnB, como exigência curricular para exercer o magistério, Edilson declara que aprendeu a dar aulas intuitivamente e que as experiências que teve com a disciplina foram "(...) desestimulantes, teorias pedagógicas disso, daquilo, e um professor que não tinha nada de prática, péssimo pedagogo e só sabia teorias". A questão levantada pelo docente merece reflexão, pois, ao criticar as teorias pedagógicas, ele parece negligenciar sua importância para a compreensão e a mudança de práticas e desconsiderar que os saberes pedagógicos não são construções intuitivas, dado que o exercício da docência pressupõe a articulação entre os conhecimentos específicos da área de formação do professor e os saberes pedagógicos.

No entanto, um estudo realizado por Veiga; Resende e Fonseca (2000) indica a necessidade de revisão das propostas de formação continuada dos professores em exercício e dos programas de complementação pedagógica oferecidos pelas faculdades e pelos departamentos de educação. Essa é uma tarefa imperiosa e requer que se coloquem na pauta dos debates sobre a temática as deficiências dos programas formativos, suas implicações para a qualidade do ensino e as possibilidades para sua superação.

A docência, para o professor Edilson, "(...) conduz ao entendimento do mundo (...) é alguma coisa que parte da curiosidade, do aprender, captar, entender o mundo", e que pressupõe a articulação entre ensinar, aprender, pesquisar e avaliar num movimento dialético que direciona a formação acadêmica e profissional de médicos para o exercício da medicina-arte, que transcende a medicina meramente técnica.

A medicina-arte é humanizada e ensina a olhar para o paciente como um ser global e não como uma máquina fragmentada e dividida. Essa perspectiva considera, na formação dos profissionais, os conhecimentos cognitivos (medicina como ciência), psicomotores (medicina como técnica) e afetivos (medicina como arte), e requer que se repense "(...) o ensino médico fragmentado, ministrado por um professor-especialista que supervaloriza a técnica" (professor Edilson). O docente, ao questionar o ensino médico focalizado numa abordagem técnica superespecializada, desconectada da realidade e das demandas da população, defende o ensino da medicina com visão humanista e ética e que atenda às demandas da sociedade por profissionais generalistas e com uma formação política (Reis 2008).

A aula concebida: "Três vertentes para a aula..."

A análise da aula universitária não pode desconsiderar que o professor, ao preparar, desenvolver e avaliar a aula, expressa concepções de sociedade, de educação, de profissional que se deseja formar. A aula demonstra também a compreensão que o docente tem sobre esse espaço e seu planejamento. Durante a entrevista narrativa, ao ser instado a falar sobre a aula, o professor Edilson identificou em seu planejamento três vertentes que se articulam no processo da aula: "a preparação, o desenvolvimento e a avaliação". Em relação à primeira vertente, ele reforçou a necessidade do planejamento e de sua atualização permanente:

> Eu não dou aula, por mais banal que seja, sem me preparar; nunca faço isso, nunca aconteceu de eu repetir. A aula que eu dei no semestre passado não é igual à que eu dei neste semestre. Eu sempre me atualizo porque acho que é uma grande vantagem para o professor ter a oportunidade de se atualizar, de aprender coisas novas (...).

O objetivo principal da organização didática da aula, conforme Veiga (2008, p. 274), "é possibilitar um trabalho mais significativo e colaborativo, consequentemente, mais comprometido com a qualidade das atividades previstas". O planejamento, para Edilson, direciona-se no sentido de uma organização didática da aula como processo de construção coletiva dependente da participação ativa dos alunos e docente, aspecto que pôde ser constatado nas aulas observadas e que pressupõe, para que possa ser implementado, a atualização das aulas, sob o risco da adoção de práticas repetitivas e mecânicas. Esse processo de revisão e reflexão sobre o ensino contribui para que o professor reveja sua própria atuação e suas aprendizagens.

Esses aspectos são significativos porque a aula, por sua complexidade, não deve ocorrer de forma espontânea. A consecução das intencionalidades e dos objetivos educativos definidos pelo docente requer que a aula seja pensada, envolvendo a definição dos elementos estruturantes de sua organização didática, num processo de reflexão que permeia todas as suas etapas e que exige dele e dos discentes o comprometimento com sua construção, superando o esquema transmissão-recepção. Como explicita uma estudante: "Importante nas aulas do professor Edilson é a gente construir o conhecimento a partir de um conhecimento prévio, refletir sobre o que a gente já leu, estudou" (Eva, imunologia médica). A reflexão vista por essa perspectiva gera conflitos – não o conflito pelo conflito, mas o conflito para sua superação dialética (Gadotti 1998) – e possibilita a revisão/ressignificação dos conhecimentos que os estudantes de medicina têm e dos que necessitam ter para se tornarem "bons médicos", na perspectiva de que

> (...) uma educação que parte da conflitualidade dos conhecimentos visará, em última instância, conduzir à conflitualidade entre sensos comuns alternativos, entre saberes práticos que trivializam o sofrimento humano e saberes práticos que se inconformam com ele, entre saberes práticos que aceitam o que existe, só porque existe, independentemente da sua bondade, e saberes práticos que só aceitam o que existe na medida em que merece existir (...). (Santos 1996, p. 18)

Essa "conflitualidade" a que se refere Santos pode contribuir para a constituição do que Edilson chama de "medicina-arte", dimensão negligenciada na formação do médico, e que pressupõe uma outra relação com o conhecimento, com o paciente e com a própria profissão.

O professor Edilson, ao defender uma outra formação para os estudantes de medicina, ressalta a importância de que essa formação não ocorra de forma mecânica, improvisada e repetitiva. Assim, ao planejar a aula, ele seleciona e organiza os elementos didáticos visando privilegiar a ampliação de saberes e fazeres que permitam aos estudantes compreender a medicina-arte, que desvia a atenção dos profissionais da doença para o paciente, entendendo-o como pessoa global, multidimensional.

Na segunda vertente, a do desenvolvimento, Edilson resume na fala a seguir um dos aspectos marcantes de suas aulas: "Eu sempre instiguei, sempre fiz perguntas ao invés de dar as respostas e, a partir das perguntas, vamos construindo as respostas, o conhecimento coletivamente; nós somos cúmplices nessa criação, eu aprendo e os alunos aprendem". Não há como deixar de associar esse posicionamento à presença do professor e dos estudantes na concretização do projeto pedagógico da instituição e do curso que se dá, conforme Veiga (2008, p. 293), "(...) *como* uma *relação pedagógica* e resulta *de* uma *relação pedagógica* entre professor e alunos, mediada pelos conhecimentos (...)". A fala de uma estudante corrobora o que o docente afirma como importante no desenvolvimento das aulas: "O professor procura dar uma aula em que haja a interação do professor com o aluno, ao contrário das outras aulas que são mais expositivas. Ele nos faz perguntas reflexivas não específicas sobre um tema científico" (Érica, imunologia médica).

Assim, a proposta para o desenvolvimento das aulas é marcada pela atuação e pela aprendizagem de todos os seus protagonistas, como afirma o professor Edilson: "Um terço do que aprendo sobre imunologia eu encontro nos livros, um terço com minhas reflexões e um terço eu aprendo com os alunos". Segundo Freire (1996, p. 108), "(...) esse é um momento complexo de estudo. O próprio hábito do estudo se desenvolve. O material de estudo se transforma. A relação entre professor e aluno é re-criada".

Na terceira vertente, da avaliação da aula, o professor Edilson afirma considerar o envolvimento e a participação dos alunos como indicadores de como ela está sendo ministrada e vista: "Eu chamo individualmente, porque quando a gente chama genericamente: 'quem sabe isso?', poucos falam. Então, eu faço duas ou três questões para cada aluno em cada aula para que todos tenham a mesma oportunidade". As avaliações da aula e da aprendizagem se imbricam; ao provocar a participação dos alunos na aula, o professor avalia a aprendizagem e a dinâmica dessa aula, e esse processo é retroalimentado. "A forma de avaliação é inovadora até demais; ele conduz a avaliação da mesma forma que conduz as aulas, buscando teorias, fazendo com que a gente encontre formas de resolver questões que nem têm resolução ainda" (Elisa, imunologia médica).

Dessa forma, a proposta de avaliação do professor Edilson "(...) abrange processos complexos do pensamento e motiva os alunos para a resolução de problemas. (...). É uma avaliação formativa alternativa, integrada ao ensino e à aprendizagem" (Veiga 2008, p. 286). Os estudantes constroem o conhecimento, realizam suas interpretações, organizam as informações e os meios para a resolução de problemas, contrariando a avaliação somativa proposta no plano de ensino.

As narrativas sobre a aula na dimensão do concebido permitem afirmar que há avanços que sinalizam um processo inovador instaurando-se por meio de uma proposta de aula que privilegia as discussões e os questionamentos sobre a racionalidade da ciência normativa e conservadora, buscando romper com a fragmentação do conhecimento e predispondo os estudantes à indagação e à emancipação (Santos 1996). Como Edilson afirmou, "(...) uma aula que se aproxima da maiêutica socrática".[2] Na mesma direção, Coelho (2008, p. 7) afirma que "(...) do ponto de vista metodológico e formativo, a investigação socrática permanentemente se retoma por meio de perguntas e respostas no sentido de chegar a uma definição, sem jamais fechar os olhos às aporias que possam emergir no movimento de constituição do pensamento".

As aulas de imunologia médica, como concebidas, envolvem professor e estudantes no confronto de ideias, conceitos e argumentos, representando, assim, um convite conhecê-las no espaço concreto em que se dão.

A aula vivida: "Perguntas geram conceitos e aprendizagens..."

Neste tópico analiso as aulas de imunologia médica com base nos pressupostos de que na aula o conhecimento parte da prática social dos estudantes e de que a relação ensino e pesquisa possibilita a construção

---

2. Criada por Sócrates, no século V a.C., a maiêutica é o momento do "parto" intelectual da procura da verdade no interior do homem. É um método que consiste em gerar ideias complexas partindo de perguntas simples e articuladas dentro de um contexto. Nesse processo, o saber constituído é destruído, para depois ser reconstruído na procura da definição do conceito (Aranha e Martins 1986).

do conhecimento. Para analisar o primeiro pressuposto, recorro a Saviani (1994), que afirma ser a prática social o conjunto de experiências, percepções e saberes construídos pelo estudante em sua trajetória pessoal e acadêmica, que é transposto para o estudo dos conhecimentos científicos. Considerar a prática social como ponto de partida para a construção do conhecimento significa trabalhar os conhecimentos acadêmicos por meio da articulação dialética de saberes do senso comum, escolares, culturais, científicos, assumindo a igualdade entre todos eles e evitando que as ciências se sobreponham.

As especificidades de profissões como a medicina exigem a elaboração de conhecimentos plurais, sendo a mediação didática desses conhecimentos uma tarefa complexa a ser assumida pelo docente universitário. Para que essa mediação ocorra, devem ser pensados "dispositivos pedagógicos" analisados por Bernstein (1990) que promovam a articulação entre a realidade concreta e as visões de mundo, as relações, as percepções e as linguagens dos estudantes, criando um ambiente propício na aula para a prática do diálogo entre o mundo e as experiências dos alunos e o campo a ser conhecido. O papel do professor deixa de ser o que Stoer e Cortesão (1999) designam como "professor monocultural", cuja competência é atribuída pelo domínio de conteúdos científicos, pela clareza na explicação dos conteúdos disciplinares e pela utilização de jargões próprios da disciplina que leciona. Por ser a fonte do saber, o docente recorre a metodologias expositivas, sendo um bom "tradutor" de conhecimentos produzidos por outros, na concepção de Bernstein (*op. cit.*). Entretanto, ensinar e aprender transcendem a simples transmissão de informações pelo professor e a assimilação pelos alunos, demandando que o docente assuma o papel de "professor 'intermulticultural'", caracterizado por Cortesão (2006, p. 77) como o "(...) professor flexível, agente e investigador (educador) que proporciona formas de aquisição de saber, de poder e de exercício de cidadania aos seus formandos".

Nas aulas observadas, foi possível perceber que a dinâmica dialógica girava em torno de uma questão problematizadora lançada pelo professor aos estudantes como provocação à discussão e que os mobilizava em direção a novas aprendizagens. Esse processo favorecia o questionamento crítico dos conhecimentos prévios e desencadeava outro processo mediado pelo docente, de instrumentalização teórica, em que o diálogo entre os diversos saberes possibilitava a construção de novos conhecimentos.

> Eu faço parte do mundo da ciência, mas não acredito que ela explica tudo. As verdades científicas são mutáveis, as de hoje são diferentes das de ontem. Hoje somente 14% de todas as práticas médicas têm um embasamento científico; você está preparado para abandonar 86% de tudo o que você faz? Conhecimentos empíricos que todo mundo faz? (Professor Edilson)

Numa das aulas, que teve como tema "O processo de ativação dos linfócitos", Edilson levantou a seguinte questão: "Quem somos nós?". Vários estudantes se posicionaram. Em seguida, outra questão – "Por que estamos vivos?" – também foi sucedida de inúmeras intervenções dos estudantes. Esse processo aparentemente não apresenta nada de inovador; entretanto, os diálogos que tornaram possível o confronto de teorias, conceitos e argumentos, como o descrito a seguir, contribuíram para que as aulas se transformassem numa experiência inovadora na construção do conhecimento. "O que acontece quando um linfócito encontra um antígeno?", perguntou o professor Edilson. Uma estudante respondeu.[3] "O que é a ativação de linfócitos?", perguntou, então, o

---

3. Foi difícil captar alguns discursos dos estudantes no transcorrer da aula, em virtude dos termos técnico-científicos e dos chamados "jargões" da área médica, o que considero uma de minhas limitações como pesquisadora no processo de levantamento de dados. As falas eram rápidas e concomitantes, dinâmicas, inviabilizando a apreensão por meio da escrita, e expressavam a disposição dos estudantes em interiorizar os discursos do campo científico da medicina que, conforme Bourdieu (2003, p. 112), "é o lugar e o espaço de uma luta concorrencial. O que está em luta são os monopólios da autoridade científica (capacidade técnica e poder social) e da competência científica (capacidade de falar e agir legitimamente, isto é, de maneira autorizada e com autoridade) que são socialmente outorgadas a um agente determinado".

professor. Essa questão foi dirigida a um determinado estudante, que formulou sua resposta. Em seguida, outra estudante apresentou uma questão interessante sobre os linfócitos e o professor perguntou a quem ela desejava dirigir a pergunta, dizendo jocosamente: "Alguém que não a decepcione" (risos...).

Os estudantes continuaram na busca de explicações que levavam a outras perguntas, até o professor sugerir: "Vamos interromper a discussão por aqui. Há um conjunto de fatores para ser analisado. Quem suscitou a questão foi Eliana. Vou apresentar algumas coisas que, espero, respondam o paradoxo. Se ela não se sentir contemplada, nos dirá". A mediação de Edilson não se pautava pela transmissão de conhecimentos científicos, mas pela articulação entre diferentes saberes, contribuindo para que os estudantes que haviam partido de uma visão sincrética, caótica e pouco elaborada pudessem reelaborá-la, numa síntese qualitativamente superior (Saviani 1994). Esse processo em rede gerava uma compreensão do objeto em estudo baseada nas relações feitas pelos estudantes que possibilitavam a apreensão de novos significados do objeto, construindo redes coletivas de aprendizagem em constante revisão e atualização.

Ao partir dos conhecimentos prévios dos estudantes, o docente tornava possível na aula a construção de novos saberes, ressignificando os saberes científicos e os do senso comum. Nessa perspectiva, privilegiava-se a construção do conhecimento mediante o desenvolvimento de aprendizagem do aluno. Nesse processo, conforme Veiga; Resende e Fonseca (2000, p. 183), há "(...) uma relação de interação entre sujeito (aluno em atividade) e objetos dos conhecimentos (diferentes saberes), sob a orientação do professor, que dirigiu a atividade do sujeito diante do objeto, para que o aluno pudesse construir seu conhecimento".

A aula-diálogo com os estudantes ocorria com o reconhecimento do professor de que "(...) jamais se deve admitir como verdadeiro senão aquilo a que o outro formalmente deu seu acordo" (Wolff 1993, p. 131). A aula constituía uma possibilidade de argumentação e ampliação das visões do discente sobre o tema em estudo e, conforme explicita uma estudante,

(...) funciona bem com ele, que sabe conduzir de uma forma natural. O próprio fato de ele chegar para o aluno e falar: "Fulano não concorda com você" te obriga a arrumar uma forma de não concordar e que faça sentido. Então, ele nos leva a ter outras visões sobre o assunto e não só ficar recebendo. (Edilma, imunologia médica)

As respostas dos estudantes eram consideradas pelo docente; o tema não era apresentado, transmitido, mas aprofundado e discutido. Os estudantes contribuíam com os conhecimentos construídos em suas trajetórias na educação básica e nas experiências do cotidiano, e a aula não se pautava exclusivamente pelas verdades dos livros e do professor. Nesse processo, conforme Santos (1989, p. 41), os conhecimentos do senso comum são transformados com base na ciência, com vistas a "(...) um senso comum esclarecido e uma ciência prudente (...), uma configuração do saber" que conduz à emancipação e à criatividade individual e social, fundamentais para o exercício consciente e ético da medicina.

O segundo pressuposto é que na aula *o conhecimento é construído com pesquisa*. O ensino com pesquisa, conforme afirma Lampert (2008, p. 138), "é uma poderosa ferramenta de que se pode lançar mão para introduzir o aluno na iniciação científica, despertando-lhe o gosto pela investigação". Essa prática implica envolvimento do professor e dos estudantes como participantes ativos no processo investigativo e requer do primeiro a participação em projetos de pesquisa. "Nós estamos ensinando e é a mesma coisa que ocorre com a pesquisa, nós estamos tentando desvendar as leis da natureza na pesquisa. Na docência ensinamos aquilo que estamos criando na pesquisa" (professor Edilson). A docência que privilegia o conhecimento produzido e não apenas sua reprodução tem no professor não apenas o consumidor, mas o produtor de novos conhecimentos, qualificando a aula na universidade e dando significado às ações desenvolvidas por professores e alunos.

A pesquisa é um dos quesitos básicos para que uma instituição obtenha o *status* de universidade (LDB 9.394/96, artigo 52, incisos I e II) e se constitua numa comunidade do conhecimento. Para Franco (2001, p. 122), a pesquisa, como um trabalho conjunto entre professor e aluno com vistas às soluções para os problemas postos pela prática, "(...) seria um modo de lidar com a questão do conhecimento. (...) o professor teria condições de lidar com problemas dessa sociedade em bases mais sólidas, o que melhoraria o nível de suas decisões técnicas e políticas". Na visão do professor Edilson, a pesquisa contribui para "(...) dar consistência" ao que é estudado nas aulas, ou seja, agrega valores ao processo de ensino e de aprendizagem em direção ao que afirma Arouca (2001, p. 85):

> (...) a relação ensino/pesquisa pode ser compreendida como função indissociável, mas também indissolúvel epistemologicamente, pois, ao dar aulas, desenvolvo uma epistemologia, mas não se pode dissociar esse momento do processo de pesquisa e de toda a efervescência geradora de novas pesquisas.

A pesquisa na disciplina imunologia médica foi planejada e desenvolvida ao longo do curso pelos estudantes e, conforme explicita Edilson: "Eles aprendem a preparar um trabalho científico, desenvolvem a capacidade de crítica, aprendem a selecionar os trabalhos científicos bons dos ruins, confrontar o que os autores disseram". O processo de levantamento de dados envolveu pesquisa bibliográfica e "(...) correspondência para dialogar com os autores, formulações de questões, sugestões. Os estudantes privilegiam o estado da arte atual e as perspectivas que a pesquisa pode apontar" (professor Edilson).

Lampert (2008, pp. 140-142) explora as etapas presentes no ensino com pesquisa que se articulam e se complementam no processo: o questionamento, a argumentação e a comunicação. O questionamento contribui para que o discente formule e reformule conceitos, princípios, atitudes, habilidades, valores e concepções, tendo a dúvida como geradora da construção do conhecimento. Esses questionamentos emergiram nas aulas de imunologia médica por meio de questões problematizadoras, em torno das teorias e dos conceitos estudados, momentos em que o professor Edilson incentivava os estudantes a questionar os teóricos e a se questionarem, a duvidar de suas certezas e das verdades ditas pelos outros.

Na argumentação, diz Lampert, "(...) o discente terá que buscar na teoria e/ou na prática relações e argumentos que justificam ou que possibilitam encaminhamentos plausíveis ao questionamento" (*ibidem*).

Uma das possibilidades argumentativas no processo da pesquisa desenvolvida pelos estudantes de medicina ocorreu na correspondência com os autores, cujas teorias, investigações e práticas embasaram as pesquisas e com quem estabeleceram um diálogo argumentativo em torno do objeto estudado. Em relação a esse aspecto, Edilson manifestou que

(...) há um semestre um aluno enviou uma carta a um cientista que era "Prêmio Nobel de Medicina". Esse aluno não sabia e fez várias sugestões e propostas. O sujeito respondeu e elogiou, dizendo: "Eu, de fato, não tinha pensado nisso". Uma coisa dessas nos anima, não é? Frequentemente os alunos são convidados a visitá-los nos Estados Unidos, na Alemanha, no Japão. Veja a maturidade das pessoas, a mudança.

A comunicação é a culminância do processo de ensino com pesquisa e se concretiza por meio de seminários, comunicações orais, painéis, produção de artigos, elaboração de relatórios etc. (Lampert 2008, p. 141). No curso de imunologia médica, a comunicação ocorreu ao final do semestre, numa aula em que os estudantes apresentaram os resultados das pesquisas, defenderam seus pontos de vista, confrontando-os com os dos autores, e discutiram com os colegas questões suscitadas por suas investigações.

O ensino com pesquisa na disciplina imunologia médica contemplou as etapas discutidas por Lampert e reforçou o caráter inovador no tratamento do conhecimento que repercutirá na formação de profissionais comprometidos com o desvelamento da realidade de sua área de atuação, num contexto de sociedade permeado de contradições que merecem ser refletidas para que possam ser transformadas. Assumir a pesquisa em sala de aula, como enfatiza R. Moraes (2002, p. 141),

(...) constitui uma viagem sem mapa; é um navegar por mares nunca antes navegados; neste contexto o professor precisa saber assumir novos papéis; de algum modo é apenas um dos participantes da viagem que não tem inteiramente definidos nem o percurso nem o ponto de chegada; o caminho e o mapa precisam ser construídos durante a caminhada.

Ainda em relação ao ensino com pesquisa, cabe destacar que o docente que navega por esses mares assume o papel de professor "intermulticultural" (Cortesão 2006) que concebe a ciência como inacabada e incapaz de oferecer todas as respostas, e o conhecimento como uma construção social, dinâmica e prazerosa.

> É uma realidade-revelação-dialética, através da qual podemos desenvolver o curso do pensamento, ativar a inteligência, despertar a criatividade, pondo em funcionamento as atividades psíquicas superiores e tentando o difícil (mas fascinante) processo de solução de problemas e antecipação de inovações. (Mosquera 2006, p. 85)

As falas das estudantes dimensionam o sentido que a relação ensino com pesquisa atribuiu à aula:

> (...) a ideia da reflexão sobre o conteúdo é interessante e ele gosta muito da pesquisa, ele quer propor o dinamismo, o conhecimento é construído junto com os alunos e não passado de maneira passiva. (Edilma, imunologia médica)

> (...) nós estávamos acostumados a receber simplesmente o conteúdo do professor, não éramos incentivados a buscar. (Elisa, imunologia médica)

> (...) existe um conhecimento, mas não existe um conhecimento completo. Existem coisas que não têm respostas e o professor nos pergunta. Não sabemos algumas coisas, falamos outras que não estão no livro, pensamos coisas que ninguém pensou antes. (Eva, imunologia médica)

> (...) o interessante na construção do conhecimento que se dá na aula é que o professor encaminha o seu raciocínio e os colegas vão

agregando uma coisa e outra e de repente, dá um clique, te liberta, puxa! (Érica, imunologia médica)

As estudantes focalizam em suas falas aspectos fundamentais para a formação humana e profissional no âmbito da universidade, que são: a reflexão sobre os conteúdos científicos que podem contribuir para o exercício da medicina-arte; a construção coletiva do conhecimento, rompendo com a lógica do saber centralizado no professor; a clareza quanto ao caráter inacabado da ciência, abrindo espaço para outras formas de conhecimento como uma experiência libertadora. Aspectos estes que reforçam o pressuposto de que as aulas de imunologia médica são inovadoras por promover a ruptura quanto à forma de tratar o conhecimento com respeito aos princípios epistemológicos que se pautam na relação senso comum-ciência-ensino com pesquisa, que torna a aula um espaço-tempo privilegiado de pensar outras alternativas para a formação do profissional da medicina mais humanizada e ética.

As aulas ministradas pelo professor Edilson caracterizam-se como exposição dialogada, em que há participação ativa dos estudantes com base em seus conhecimentos prévios sobre a temática em estudo. Essa perspectiva supera a passividade e favorece análises e discussões críticas que resultam numa forma peculiar de produção de novos conhecimentos na sala de aula. Caso aliasse às aulas, discussão em grupo, Edilson agregaria outras possibilidades de interação entre os discentes, permitindo maior atuação dos que porventura apresentassem uma participação menor. A formação de grupos heterogêneos na sala de aula para o estudo, o debate e a solução de tarefas propostas contribui para a construção da autonomia, ao mesmo tempo em que desenvolve aprendizagens cooperativas entre os pares, que dependerão uns dos outros para desenvolver as atividades. Esse tipo de trabalho, se bem planejado, orientado e avaliado, representa uma rica estratégia didático-pedagógica a serviço das aprendizagens e da construção do conhecimento na aula universitária.

Aula de prótese fixa 1:[4] *"Técnica e reflexão, relação possível"*

O curso: Odontologia

O curso de graduação em odontologia da Universidade de Brasília foi criado em 1980, pelo Conselho Universitário, e abrigado no Departamento de Medicina Especializada. Em 1986, o número de professores do curso justificou a criação do Departamento de Odontologia que, em 23 anos de existência, já formou mais de 40 turmas. O curso conta com um Centro de Especialidades Odontológicas, do Programa Brasil Sorridente, em interface com a Rede do Sistema Único de Saúde (SUS) do Distrito Federal, instalado por meio da Divisão de Odontologia do Hospital Universitário de Brasília (HUB), que visa contribuir para a formação do profissional cirurgiãodentista com o perfil apontado pelas Diretrizes Curriculares Nacionais do curso, "(...) capacitado ao exercício de atividades referentes à saúde bucal da população, pautado em princípios éticos, legais e na compreensão da realidade social, cultural e econômica de seu meio, dirigindo sua atuação para a transformação da realidade em benefício da sociedade" (CNE/CES, n. 3, de 19 de fevereiro de 2002).

Esse perfil requer uma formação abrangente que envolve a consideração das dimensões técnica, humana, ética e política que vão exigir a constituição de espaços/tempos como o da aula, organizados para atender às exigências de um profissional "(...) capaz de pensar criticamente, de analisar os problemas da sociedade e de procurar soluções para os mesmos" (*ibidem*). Para isso, é proposto o desenvolvimento de

---

4. A disciplina prótese fixa 1, de oito créditos, é ofertada no quinto semestre em caráter obrigatório para os estudantes do curso de odontologia. A carga horária semanal é de oito horas-aula, sendo quatro horas destinadas às aulas teóricas e quatro, às aulas práticas. As aulas teóricas foram desenvolvidas durante as manhãs das terças-feiras, das 8 às 11h40min, e as aulas práticas às quartas-feiras, das 14 às 17h40min, no segundo semestre de 2008. As aulas práticas serão objeto de análise desta pesquisa por apresentar categorias que sinalizam um processo inovador na construção do conhecimento na fase pré-clínica das odontoplastias prostodônticas, objeto de estudo da disciplina.

competências e habilidades gerais voltadas para atenção à saúde, tomada de decisões, comunicação, liderança, administração e gerenciamento do trabalho, de recursos físicos e materiais e da informação, e investimento na educação permanente, na perspectiva do aprender a aprender.

Plano de ensino: O proposto

O objetivo geral apresentado no plano de ensino da disciplina prótese fixa 1 enfatiza a dimensão técnica do conhecimento e o produto da ação educativa ao propor "treinar" o aluno para desenvolver habilidades psicomotoras na fase pré-clínica das odontoplastias prostodônticas. Em relação aos objetivos específicos, apenas um aponta a possibilidade de afloramento das características individuais dos alunos, com o enfrentamento de questões e problemas que podem emergir em situações de aprendizagem, caracterizando, como analisam Lima e Castanho (2004), um objetivo aberto por dar a oportunidade a professor e estudantes de explorar, aprofundar ou focalizar questões de interesse, no momento de formação.

No plano há uma divisão entre os conteúdos teóricos e os práticos em itens e subitens que evidenciam a dimensão cognitiva da disciplina, articulados, portanto, aos objetivos. A metodologia apresentada no plano é sucinta, indicando como procedimentos de ensino: demonstrações, grupos de estudos, pesquisas bibliográficas e exercícios práticos no laboratório. O pouco detalhamento impede uma análise da articulação do conteúdo e da forma, relação importante para a constituição de um processo didático integrado e contextualizado na aula.

A avaliação é dividida em teórica e prática. Em relação à avaliação teórica, são propostas duas provas objetivas envolvendo questões teóricas e práticas. Na realização da prova prática, o professor considera: pontualidade, apresentação pessoal, limpeza e organização do local de trabalho, biossegurança, habilidade psicomotora, conhecimento técnico-científico, relacionamento professor/aluno, aluno/aluno e aluno/funcionários do Hospital Universitário e do laboratório e qualidade do trabalho realizado. A explicitação desses critérios de avaliação na prova prática evidencia uma preocupação do docente com a formação do cirurgião-dentista com capacidade técnica para agir e comportar-se legitimamente, de acordo com o campo científico (Bourdieu 2003) da odontologia, destacando sua influência na formação do futuro profissional e, em decorrência, na própria organização da aula.

Os recursos de ensino são apresentados no plano, com a indicação dos materiais que são utilizados pelo professor nas aulas teóricas e práticas, como audiovisual tátil e não tátil, retroprojetor, projetor multimídia, quadro-negro e *flip-chart*.

A bibliografia apresenta 53 indicações de autores nacionais e apenas uma de autor estrangeiro. Não há indicação de pesquisas científicas como monografias, dissertações e teses. Entre as referências encontram-se indicações de manuais e guias, evidenciando o caráter técnico da disciplina.

A análise do plano sugere a proposta de uma "pedagogia visível", com regras e critérios definidos e anunciados prévia e explicitamente. Segundo Bernstein (1990), essa pedagogia sempre enfatiza o desempenho dos estudantes que são avaliados conforme o grau no qual satisfazem os critérios definidos para a avaliação. Entretanto, será possível observar, na análise das aulas de laboratório de prótese fixa 1, diferenças significativas nos processos de ensinar, aprender e avaliar que divergem das aulas de laboratório dos cursos que formam profissionais da área de saúde, focalizadas apenas no desempenho dos estudantes. Esses processos desvendam uma "pedagogia invisível" (*ibidem*), cujo foco não está no desempenho observável e avaliável do aluno, mas na forma como mobiliza procedimentos internos (cognitivos, linguísticos, afetivos, motivacionais), em consequência dos quais cria e recria seu trabalho com autonomia no espaço do laboratório.

O cenário: O Laboratório de Próteses Odontológicas

As aulas foram observadas no Laboratório de Próteses Odontológicas, localizado no Departamento de Odontologia da Faculdade de Saúde da UnB. O laboratório acomodava confortavelmente os 25 alunos sentados em bancos sob bancadas de alumínio, apropriadas à realização das atividades práticas. As paredes brancas e a boa iluminação contribuíam para criar um ambiente propício ao trabalho pedagógico desenvolvido por professor, alunos e monitores. No ambiente predominavam a concentração e o silêncio. Os alunos realizavam suas práticas individualmente, utilizando seus próprios materiais e vestimentas específicas para uso do laboratório, e as comunicações entre eles se restringiam a temas relativos ao trabalho.

A docência: "Fui me envolvendo gradualmente, mas não foi uma coisa planejada..."

O professor Nicholas concluiu a graduação em odontologia na Universidade de Brasília, em 1986, e o magistério não estava entre seus projetos profissionais, como expressa a seguir: "A minha intenção era me dedicar à atividade privada, trabalhar como dentista; nunca havia pensado em ser servidor público". Nicholas é o primogênito de uma família de seis filhos e também o primeiro a graduar-se em um curso com *status* profissional conferido e que prepara para uma carreira profissional liberal. Conforme Enguita (1991), a profissão liberal mostra-se atrativa por possibilitar maiores rendimentos, vantagens materiais simbólicas e proteção da concorrência pela lei, além da autonomia em seu processo de trabalho sem submissão à regulação alheia. Esses aspectos parecem ter interferido inicialmente na opção do professor Nicholas pela atividade privada: "A universidade tem uma política de dedicação exclusiva. Ela exige que o professor desenvolva inúmeras atividades em seu interior, o trabalho é muito intenso e a questão econômica nem sempre acompanha". O contexto delineado pelo professor parece contrariar os interesses dos profissionais liberais recém-formados e com anseios de construir uma carreira que garanta a autoridade científica em seu campo profissional, como foi seu caso. No entanto, ao retornar à universidade para realizar um estágio na pós-graduação a convite de um antigo professor, "(...) que aproveitava um pouco os estagiários para complementarem as atividades em aula", o professor Nicholas conta que se foi "(...) envolvendo gradualmente na docência, mas não foi uma coisa planejada".

Concomitante ao magistério, ele exerce a profissão de cirurgião-dentista, vivencia seus dilemas e conflitos e constrói saberes do campo científico (Bourdieu 2003) da profissão, podendo contribuir para uma formação diferenciada dos futuros profissionais da área. O exercício da odontologia é a base de sua atuação docente, cujos conhecimentos e experiências sobre o que ensina lhe atribuem o reconhecimento e o respeito dos estudantes, na perspectiva analisada por Cunha (2008, p. 187) "de que quem sabe fazer sabe ensinar" e que justificou a contratação de docentes universitários e causou o distanciamento da dimensão pedagógica na educação superior, aspecto que pode estar na gênese das fragilidades teórico-metodológicas percebidas nos processos de ensinar, aprender, pesquisar e avaliar na universidade.

A ausência de preparação para o exercício da docência que articule ensino e pesquisa impede o professor Nicholas de inserir-se em comunidades de investigação e suscita o questionamento sobre o conhecimento que trabalha nas aulas. São conhecimentos produzidos por outros pesquisadores, caracterizando-o como um docente que domina conteúdos tidos como imprescindíveis à formação, mas que se restringe a traduzir conhecimento científico produzido por outrem, tornando-o acessível aos estudantes – um professor formado de acordo com processos cujas finalidades se orientam por um quadro teórico bem delimitado.

Incentivado a revelar o sentido que a docência tem para si, o professor Nicholas expressou: "A docência deve estimular o indivíduo a mudar muitas vezes a direção da sua vida, a pensar questões não só dentro da área técnica, mas também para a sua existência como pessoa e profissional". Ele justifica sua concepção, questionando a ênfase atribuída nos cursos da área da saúde aos conhecimentos técnicos: "Cada vez somos levados a ter mais conhecimento técnico e a técnica vem sempre acompanhada de protocolos, de passos a serem seguidos, e a análise, a reflexão, a crítica sobre o que está sendo realizado nem sempre acompanham o processo". Sua fala traz à tona uma discussão primordial nos cursos de formação de profissionais das áreas médicas, caracterizados pelo rigor técnico-científico no enfoque e no tratamento da doença. Conforme Reis (2008, p. 12), "(...) na área odontológica, as formas fragmentadas de conhecimento, com ênfase no mecanicismo e no aprendizado de técnicas cirúrgico-restauradoras, tomam como objeto os dentes, distanciando-se da compreensão mais ampliada do processo saúde-doença". A reflexão e a crítica sobre a prática odontológica favorecem o alcance das necessidades básicas da população no que se refere à saúde bucal corretiva e preventiva e imprimem à docência características de um processo inovador que considera as dimensões humana, ética, reflexiva e criadora no processo de formação de cirurgiõesdentistas socialmente responsáveis, conforme perfil apontado pelas Diretrizes Curriculares Nacionais do curso.

Com essa expectativa, a aula é concebida pelo professor Nicholas como "(...) o espaço que permite ao aluno ter o contato com a atividadefim, com as experiências que poderão ser vivenciadas no campo profissional, sendo o professor o orientador do processo que interfere cada vez menos nas construções do aluno". Essa perspectiva rompe com os enfoques tradicionais de ensino e, conforme apontado no artigo 9º das DCNs, requer que o projeto do curso seja centrado no aluno como sujeito do conhecimento e apoiado no professor como facilitador e mediador do processo de ensino e aprendizagem, criando condições para que os alunos se desenvolvam consciente e autonomamente.

A aula concebida: "Marcada pela dinamicidade..."

O planejamento da aula expressa consciente ou inconscientemente um projeto de formação, o projeto político-pedagógico da instituição educacional, por meio da organização das ações que concretizam objetivos e fins educacionais.

Nesse sentido, o ato de planejar reveste-se de um caráter político e pedagógico ao expressar um compromisso com a formação dos sujeitos por meio da seleção e da organização de objetivos, conteúdos, estratégias metodológicas e avaliativas que podem contribuir para rever os processos de ensino pautados pela transmissão-recepção, com o intuito de transformar as realidades pessoal, educacional e social. O planejamento deixa de ser uma ação técnica e neutra que somente define e racionaliza o trabalho pedagógico e ressignifica-se como um processo dirigido para uma ação pedagógica crítica e transformadora, que sinaliza caminhos para a emancipação pela via do conhecimento.

Ao falar sobre o planejamento das aulas de prótese fixa 1, o professor Nicholas declarou seguir os exemplos dos professores que teve ao longo de sua formação, principalmente na universidade: "Acabamos sendo influenciados, há uma tendência de seguirmos os nossos mestres, as formas como eles preparavam e conduziam as aulas". O saber docente se compõe de saberes oriundos de fontes diferenciadas. Conforme Tardif (2002), são os saberes disciplinares, curriculares, profissionais e experienciais. Os saberes experienciais parecem influenciar fortemente a docência vivida pelo professor Nicholas, de sua concepção à sua execução; são saberes práticos que "(...) formam um conjunto de representações a partir das quais os professores interpretam, compreendem e orientam sua profissão e sua prática cotidiana em todas as suas dimensões" (*ibidem*, p. 49) e que constituem a cultura docente em ação. As narrativas do professor Nicholas sugerem a incorporação dos saberes experienciais a sua prática docente, em forma de *habitus* que, de acordo com Tardif, se expressa por "(...) certas disposições adquiridas na e pela prática real" (*ibidem*) e em forma de habilidades de saber-fazer e saber-ser que podem transformar-se num estilo de ensino, legitimado *pelo* e *no* cotidiano do trabalho. Estilo de ensino que analisaremos mais adiante ao adentrarmos o Laboratório de Próteses. Tendo os saberes experienciais como base na preparação das aulas, o professor Nicholas considera o caráter dinâmico do conhecimento e as especificidades da turma: "Em cada semestre eu mudo o plano das aulas porque as turmas são diferentes. Não há uma personalidade coletiva, então a forma de trabalhar com os diferentes grupos deve ser diferenciada". O professor declarou ter um plano formal que é entregue ao aluno e ao coordenador do curso no início do semestre e que, em virtude da dinamicidade a que se referiu, é sempre questionado: "Será que este é o melhor caminho ou talvez tenha sido no passado? Hoje não tem um caminho melhor?". Com base nesses questionamentos, o professor refaz os percursos das aulas, concebendo o planejamento como um processo de construção do conhecimento para e com os alunos.

Assim, as alterações propostas direcionam-se no sentido de considerar que eles são partícipes do processo e suas características, necessidades e especificidades devem ser consideradas, ao pensar a aula.

O desenvolvimento da aula segue uma dinâmica criada pelo professor, ao longo dos anos de experiência com a docência, mas que, conforme explicitou, não é um modelo rígido e inflexível, considerando as diferenças dos alunos em formação. Assim, segundo Nicholas, durante as aulas sua maior preocupação é "(...) fazer com que o aluno reflita, repense a relação ensino-aprendizado, a forma como busca o conhecimento e a própria avaliação das informações a que tem acesso". A dinâmica concebida pelo professor procura garantir na aula a articulação dos conteúdos teóricos e práticos nas atividades realizadas no Laboratório de Próteses, por meio de uma rotina básica que envolve: preparação dos alunos para a prática com o preenchimento de uma ficha de descrição do instrumental e da técnica para a prótese recomendada; revisão das etapas do procedimento conduzido pelo professor; realização da prótese; acompanhamento e avaliação das atividades pelos alunos e professor. A rotina não é pautada pela rigidez, característica da organização racional da aula na perspectiva tecnicista, mas pela compreensão de que a aula é uma ação planejada e intencional e que, portanto, requer um certo rigor (Shor e Freire 1986), no sentido de construir as possibilidades de aproximação crítica do objeto do conhecimento com liberdade, autonomia, criatividade e reflexão.

A avaliação da aula como um processo de levantamento de informações para reorientar o trabalho pedagógico não é sistematizada pelo professor Nicholas. Entretanto, ele declarou que são "(...) as conversas com os alunos e a observação das atividades práticas" que lhe permitem perceber como se está desenvolvendo o processo de ensino e de aprendizagem. Nesse sentido, a avaliação da aula se confunde com a avaliação da própria aprendizagem dos alunos e ocorre no diálogo que o professor estabelece com os estudantes durante a realização das próteses, momento em que consegue analisar se os objetivos da aula foram ou não alcançados. As análises indicam quais percursos professor e alunos seguirão, uma demonstração de abertura ao outro da relação pedagógica, característica do docente que se percebe, como nos diz Freire (1998), como um ser inacabado, em constante revisão de si e de suas práticas.

A aula vivida: "Descobrir por si mesmo..."

Neste tópico analiso as aulas de laboratório ministradas pelo professor Nicholas com os dados gerados na observação e corroborados pelas narrativas do docente e pela discussão dos estudantes. A leitura dos dados indica que há um processo inovador em constituição, que sinaliza ruptura quanto à forma de tratar o conhecimento por meio de dispositivos pedagógicos de ensino e avaliação voltados à construção das aprendizagens da prática profissional, dinamizados pela articulação teoria e prática.

As aulas foram observadas no Laboratório de Próteses, espaço orientado para a formação de habilidades específicas da prática profissional, favorecida pela associação teórico-prática. Na perspectiva de Ausubel (1976), a aquisição dessas habilidades pressupõe o desenvolvimento de aprendizagens de alto nível de complexidade que incluem as dimensões cognoscitivas, psicomotoras e sociafetivas relativas ao campo de atuação do futuro profissional. As práticas observadas indicam que essas dimensões foram desenvolvidas na articulação teoria-prática de maneira autônoma, reflexiva e continuamente avaliada na aula.

Mesmo não tendo vivenciado a formação didático-pedagógica para exercer a docência universitária, é possível afirmar que o professor Nicholas desenvolveu um estilo próprio de ensinar, como ilustram os depoimentos do docente e de uma aluna:

> As práticas que adoto da avaliação individual no processo, da observação e registros podem ser intuitivas, tendo em vista não ter estudado didática. (Professor Nicholas)

> (...) o professor Nicholas tem o jeito dele de ensinar. Na sua visão, o erro é um caminho para a nossa aprendizagem, embora nós não pensemos assim. Quando temos uma dúvida, ele pede para analisarmos o manequim um do outro e não dá as respostas prontas. (Nanci, prótese fixa 1)

Esse estilo docente se manifesta nas intervenções realizadas pelo professor, no sentido de oportunizar aos alunos a autonomia nas práticas de laboratório, com vistas ao desenvolvimento de práticas profissionais também autônomas. Os estilos de intervenção, conforme Lucarelli *et al.* (2006, p. 101), são "(...) produto de determinações sociais e institucionais que vão configurando formas compartilhadas de interpretar a realidade profissional, constituem conhecimentos específicos, valores e normas". São decorrentes das representações construídas pelo professor sobre os alunos, sobre os tipos de práticas que os estudantes devem realizar, e das experiências pessoais que concretizam modelos de atuação docente, constituindo uma identidade profissional que define o "dever ser profissional" (*ibidem*), configurando-se num "modelo profissional" definido por Andreozzi como um "(...) conjunto de disposições relativamente invariantes que caracterizam o exercício profissional de um sujeito singular em situação de trabalho" (1996, p. 24). Esse "modelo" acaba definindo modos de atuar, pensar e sentir a atividade profissional, como poderemos acompanhar nas experiências observadas nas aulas descritas e analisadas a seguir.

A primeira experiência refere-se à diagnose do desenvolvimento teórico-prático dos alunos. Antes de iniciarem a atividade prática proposta para a aula, os estudantes elaboraram um relatório com a descrição do instrumental, da técnica e dos procedimentos específicos para a prótese. As informações relatadas dão ao professor uma visão geral do desenvolvimento dos estudantes, referente aos conhecimentos teóricos inseridos na perspectiva da avaliação formativa que, conforme Villas Boas (2008, p. 39), tem "(...) o intuito de fornecer informações a serem usadas como *feedback* para reorganizar o trabalho pedagógico". A narrativa do professor Nicholas enfatiza o retorno que o instrumento de diagnose oferece: "A partir da análise dos relatórios, tenho uma visão de como está a aprendizagem de vocês e de como estão vindo para a aula. Percebi que um determinado conceito não ficou claro, foi a questão do embasamento das coroas provisórias". O *feedback* auxiliou o professor na identificação da necessidade de revisão de alguns conceitos na aula e levou-o a sugerir e enfatizar a importância das leituras prévias à realização das próteses, para ele "(...) uma grande dificuldade a ser superada, [pois] os alunos leem muito pouco". Nesse sentido, o dispositivo pedagógico adotado favoreceu o desenvolvimento do trabalho pedagógico e mostrou a distância ainda existente entre o desempenho atual e o que é esperado do aluno em termos das aprendizagens.

Outra experiência observada na aula, e que se insere na perspectiva da avaliação formativa, é a entrevista oral entre o professor e o aluno individualmente, com base nos registros dos relatórios. O professor sentou-se ao lado de uma aluna, leu os relatórios feitos por ela e, em seguida, perguntou: "Se você fosse realizar esse procedimento hoje, como faria?". Diante da resposta mais completa da estudante, questionou: "Por que não escreveu isso no dia dessa aula?". E obteve como resposta: "Porque fui sintética". E prosseguiu com a leitura de mais um relatório, cujo comentário da aluna foi: "Viajei na maionese!". Risos do professor e da aluna. "Então, vamos esquecer isso. Como você faria hoje? Relate para mim." O professor continuou dialogando com os alunos sobre os relatórios, sempre indagando: "Por que você fez assim? Para que você utiliza esse material ou técnica? Se fosse realizar a técnica hoje, como faria?". Levando o aluno a pensar sobre o que escreveu e a rever conceitos, técnicas e procedimentos, ao mesmo tempo esclarecia aspectos relativos às técnicas de próteses dentárias mais detalhadamente e de acordo com as necessidades de cada estudante, que se sentia, assim, mais à vontade para manifestar dúvidas e expor suas ideias. O clima da aula era de descontração e confiança, e a receptividade dos estudantes vinha reforçar o caráter inovador das práticas vivenciadas.

A relação que o professor estabelece com seus alunos é pautada pela confiança e pelo respeito aos processos individuais de construção do conhecimento, e pela compreensão de que os caminhos trilhados por cada aluno podem ser refeitos ao incentivar a reformulação dos conceitos e procedimentos. Experiências de aprendizagem como esta oferecem ao sujeito em formação a possibilidade de ampliar seus campos conceituais, além de evidenciar que o conhecimento é visto como algo dinâmico, mutável e sempre sujeito a revisão. Essa perspectiva caracteriza a aplicação edificante do conhecimento que, conforme Santos (1996), se fundamenta no caráter emancipatório e argumentativo da ciência e na criação de espaços de diálogo entre os saberes, e que é voltado para a solidariedade e a singularidade fortemente vivenciadas nas aulas de prótese fixa 1.

Na mesma direção da experiência anterior, foi percebida a adoção da avaliação por colegas, que consistia na análise dos alunos da prótese realizada por um deles e que ocorria no instante em que os estudantes procuravam o professor para mostrar o preparo feito no manequim. A avaliação por colegas, na visão de Villas Boas (2008, p. 49), é uma prática importante do processo avaliativo e "(...) tem a vantagem de ser conduzida por meio da linguagem que os estudantes naturalmente usam. Além disso, os alunos costumam aceitar mais facilmente os comentários de colegas do que os de seus professores". Em vez de analisar o trabalho do aluno, o docente convidava outro estudante para fazê-lo, momento em que sempre perguntava: "Se esse preparo fosse seu, o que mudaria nele?", estabelecendo um diálogo entre os estudantes baseado em suas próprias construções. Para Nicholas, isso é

> (...) interessante porque os alunos observam os mesmos pontos observados por mim, permitem a percepção das inseguranças e fragilidades teóricas, além de quebrarem o medo de se posicionarem em relação ao trabalho do colega. Ao mesmo tempo, essa prática pode estreitar as relações e eles passam a se consultar mutuamente.

Ao perceber quem são os alunos mais inseguros, o professor intervém para que ganhem segurança, porque, de acordo com Nicholas, "(...) a insegurança pode interferir no tratamento com o paciente real na clínica; as emoções, a segurança e o acreditar em si são fundamentais ao exercício da profissão". O artigo 13, inciso I, das Diretrizes Curriculares sugere que, na estruturação do curso de odontologia, se deve privilegiar, no perfil do profissional, a substituição da decisão pessoal pela coletiva. Para isso, o processo formativo deve focar as dimensões cognitivas, afetivas, psicomotoras que garantam a formação geral, profissional e para a cidadania, privilegiando coletivos de estudo e discussão. A formação para a cidadania se expressa por "(...) atitudes e valores correspondentes à ética profissional e ao compromisso com a sociedade" (CNE/CES, n. 3, de 19 de fevereiro de 2002). A preocupação do professor Nicholas com a formação do cirurgião-dentista, considerando a multidimensionalidade do ser pessoa e do ser profissional, articula-se com o que propõem as DCNs do curso e pode contribuir para uma formação universitária qualitativamente melhor.

Solicitado a dizer como pensou a estratégia que favorece a análise dos manequins com base nas visões dos próprios alunos, o professor Nicholas manifestou: "Percebi com o tempo que não era interessante eu mesmo destacar os erros e sim utilizar as análises dos alunos como possibilidades de aprendizagem pelo erro". Parece ser este um saber construído por meio das experiências docentes, por meio de um processo de reflexão sobre o fazer pedagógico. Uma prática a serviço das aprendizagens que favorece o desenvolvimento de relações mais colaborativas no contexto da aula universitária, espaço que, por formar profissionais de diferentes campos científicos, conforme Bourdieu (2003), e por configurar-se como lugar de lutas e competitividade, é marcado pela disputa e pelo individualismo, pela busca da apropriação de conhecimentos que garantam a autoridade científica no campo. Além disso, o erro tem um sentido positivo que precisa ser incorporado à dinâmica do trabalho pedagógico na universidade, como analisa Esteban (2002, p. 25):

> (...) em lugar de indicar a ausência de conhecimento, o erro revela os conhecimentos já consolidados e sinaliza conhecimentos necessários e em processo de construção; revela a multiplicidade de conhecimentos, lógicas, processos; indica trajetos possíveis, diferentes do padrão; expõe a multiplicidade que efetivamente compõe a sala de aula.

Os erros são considerados pelo professor Nicholas como situações significativas para a ação educativa, como a revelação daquilo que o estudante "ainda" não sabe, evidenciando as necessidades de aprendizagem. Os estudantes analisam essa perspectiva de forma positiva, como demonstram os excertos:

O professor Nicholas considera muito o processo de cada aluno. (Nádia, prótese fixa 1)

(...) ele não dá respostas e quer saber o que cada aluno pensa. (Nívea, prótese fixa 1)

(...) é uma das matérias mais difíceis, mais complicadas e que tem as melhores notas justamente por ele acompanhar todo o nosso processo. (Nicole, prótese fixa 1)

(...) ele propõe que corrijamos o manequim um do outro e fica instigando a gente a perceber o que está errado. Isso é inovador! (Noemi, prótese fixa 1)

A relação estabelecida com os erros na aula de prótese fixa 1 revela uma disposição de seus protagonistas para construir o conhecimento assente em outras bases; o conhecimento visto como algo prazeroso e instigante, que favorece o desempenho individual e coletivo dos estudantes, num processo compartilhado de avaliação como indagação, em que todos se aventuram ao aprendizado.

Assumir a avaliação em processo, nas perspectivas de Romanowski e Wachowicz (2005, p. 123), "(...) significa ajustar também os critérios à ação, incluir os estudantes para assumirem, junto com o professor, os riscos das decisões tomadas (...)". Essa disposição em assumir junto com os estudantes a responsabilidade pela avaliação foi observada nos discursos e nas práticas do professor, indicando um movimento de ruptura com o modelo de avaliação somativa, em que a condução do ensino está centrada no professor, caracterizando uma inovação nos processos de avaliar na aula universitária.

Historicamente, as aulas de laboratório são marcadas pelo rigor técnico e científico, cuja ênfase recai no domínio da técnica e dos instrumentos de trabalho, característica de um modelo de ensino adotado nas graduações e que tem formado gerações de profissionais que negligenciam a reflexão sobre o fazer e a compreensão mais social e humana das profissões. Estudos realizados por Amorim e Souza (2007) indicam que, na formação e nos espaços de trabalho do cirurgião-dentista, há ausência da reflexão crítica sobre questões importantes concernentes à prática odontológica, como, por exemplo, a dissonância para os problemas básicos da população, como a doença periodontal e a cárie, que apresentam índices elevados entre a população adulta. A formação de profissionais socialmente responsáveis requer da universidade a abertura para que, nos processos educativos, a criatividade e a reflexão sobre os problemas que emergem nos contextos profissionais e sociais estejam presentes, sendo a aula o espaço privilegiado de desenvolvimento dessas habilidades.

Nas aulas de prótese fixa 1, há o incentivo do professor à construção autônoma e reflexiva do conhecimento:

> Por ser a disciplina muito técnica, o aluno pensa que o trabalho se restringe aos aspectos meramente técnicos. Assim, tem dificuldade de fazer análises críticas sobre os textos lidos e sobre as exposições dos professores. Eles são frutos de uma educação que treina alunos para passarem no vestibular. Como as atividades exigem muita concentração e habilidade motora, eles deixam de pensar sobre o fazer e isso tem implicações sérias. É preciso refletir sobre a atividade. (Professor Nicholas)

A atividade prática no laboratório é muito apreciada pelos alunos. Nesse espaço, o professor Nicholas aproveita para investir na formação dos futuros profissionais para o enfrentamento dos problemas que surgirão no desenvolvimento da prática profissional, situações em que terão de mobilizar conhecimentos, habilidades e atitudes, na maioria das vezes solitários em seus consultórios. "A profissão de dentista é muito individualizada, o profissional trabalha sozinho, é ele por ele" (professor Nicholas).

A adoção pelo docente universitário de práticas como as vivenciadas nas aulas de prótese fixa 1 requer do professor um conhecimento *dos* alunos e *sobre os* alunos para atendê-los individualmente, tarefa complexa diante das numerosas turmas e da intensificação do trabalho docente no atual cenário universitário, como manifesta Nicholas: "Percebi que em grupo às vezes o que eu falava entrava por um ouvido e saía pelo outro. Então, resolvi fazer individualmente, mas é complicado porque são muitos alunos". Contudo, o professor construiu um estilo próprio que torna possível a promoção de mudanças inovadoras na sala de aula, por meio da revisão de processos de ensino, aprendizagem e avaliação, na perspectiva de construção de um projeto colaborativo de aula (Veiga 2008). Nesse processo, os registros assumem relevância por proporcionarem ao docente uma visão geral dos percursos individuais e coletivos de seus alunos. Os registros são feitos em uma agenda eletrônica, onde o professor relaciona os nomes dos alunos e relata aspectos concernentes ao desenvolvimento das aprendizagens na disciplina, semelhante ao que Villas Boas (2008) denomina de "registros reflexivos". Esses registros são realizados pelo docente como um instrumento que cumpre a finalidade de orientá-lo no acompanhamento dos processos individuais e apoiam a organização da aula, no que diz respeito à definição/revisão de objetivos, conteúdos, métodos e procedimentos avaliativos.

Foi possível captar algumas críticas dos estudantes em relação às práticas de ensino e aprendizagem vivenciadas em aula, principalmente em relação à proposta de superação da formação profissional focada no "como fazer", na razão instrumental: "Acho que seria bom se na aula o professor fizesse demonstrações do como fazer" (Nina, prótese fixa 1); "(...) sentimos falta de alguém demonstrando: olha, é assim" (Nanci, prótese fixa 1). Esse tipo de posicionamento pode ser atribuído à formação que a maioria dos alunos teve na educação básica e na preparação para o vestibular, em que as perspectivas de ensino estiveram sempre focadas na transmissão/reprodução de informações e conhecimentos. Essas críticas, se não forem trabalhadas, podem tornar-se resistências à constituição de práticas inovadoras em sala de aula. As aulas poderiam ter um diferencial maior se o professor alternasse momentos de explicação da técnica e do procedimento a ser realizado pelos estudantes. Isso poderia evitar o desperdício do tempo da aula com práticas de "tentativa e erro", comuns quando há dúvidas e inseguranças quanto ao desenvolvimento do trabalho prático.

A explicação da técnica pelo professor, acompanhada da reflexão e criando situações de vínculo entre a experiência e o sujeito, pode evitar a realização de práticas imitativas; na visão de Vázquez (1977), a realização dessas práticas se apresenta vinculada a regras e prescrições traçadas previamente, cujas ações são repetitivas, com resultados semelhantes e previsíveis. Tais práticas imitativas constituem uma preocupação para os professores que buscam a superação da formação profissional pautada apenas pela dimensão técnica.

Aula de superdotação, talento e desenvolvimento humano:[5]
"Centrada no ser humano, nos ganhos afetivos e sociais"

O curso: Graduação em psicologia

O curso de graduação em psicologia teve início na Universidade de Brasília, no ano de 1963, com as habilitações: psicólogo, licenciado em psicologia e bacharelado em psicologia. As atividades de ensino, pesquisa e extensão são atualmente desenvolvidas por quatro departamentos (Processos Psicológicos Básicos, Psicologia Escolar e do Desenvolvimento, Psicologia Clínica e Psicologia Social e do Trabalho) e refletem a diversidade de atuação e interesse dos professores. O curso contempla o currículo da formação para as três habilitações com competências e habilidades comuns voltadas para a atenção à saúde, a tomada de decisões, a comunicação, a liderança, a administração e o gerenciamento e a educação permanente (CNE/CES n. 8, de 7 de maio

---

5. A disciplina será identificada pela sigla STDH e compõe o quadro de disciplinas oferecidas pelo Departamento de Psicologia Escolar e do Desenvolvimento (PED). É uma disciplina optativa de oito créditos, com carga horária de 40 horas-aula. Foi desenvolvida durante as manhãs de terças e quintas-feiras, das 10 às 12 horas, no segundo semestre de 2008.

de 2004). O curso objetiva formar o psicólogo voltado para a atuação profissional, para a pesquisa e para o ensino de psicologia. Para isso a formação deve ter como princípios:

- o conhecimento amplo e articulado das diversas teorias e práticas da psicologia;
- a postura investigativa na atuação profissional de modo que promova o avanço da psicologia;
- a integração entre o conhecimento psicológico e as disciplinas afins;
- a atuação profissional fundamentada na ética, no exercício da cidadania e no respeito aos direitos humanos;
- o compromisso com a qualidade de vida dos cidadãos e com a realidade social e política do país;
- o aprimoramento e a capacitação contínuos.

Plano de ensino: O proposto

No plano de ensino de superdotação, talento e desenvolvimento humano (STDH) os objetivos não são apresentados, sinalizando uma fragilidade no processo didático planejado pela professora referente a sua orientação, uma vez que são os objetivos os anunciadores explícitos do que se espera do professor e dos alunos no processo didático. São eles que, vinculados às finalidades do curso, expressam o tipo de formação que se pretende alcançar. A própria definição da metodologia de ensino pressupõe a ideia de uma direção com a finalidade de alcançar um objetivo. Entretanto, no plano ela foi pensada sem a definição do que alcançar e de onde se pretende chegar com relação à formação dos futuros profissionais da psicologia. A ênfase recai na categoria conteúdo/método, que tem sua importância. Contudo, não se pode desconsiderar sua relação de dependência com a categoria objetivos/avaliação (Freitas 1995).

Os conteúdos são organizados em torno de cinco núcleos básicos, de forma fragmentada, dificultando a orientação do docente na sistematização e na organização de uma intervenção pedagógica com vistas à aprendizagem dos alunos, num enfoque integrador e globalizante do conhecimento, perspectiva defendida pela professora em suas narrativas. As dimensões afetivas, psicomotoras e sociais dos alunos são negligenciadas; a ênfase recai sobre a dimensão cognitiva, indicando que não há consideração aos diferentes tipos de conhecimentos necessários à formação do profissional da área de psicologia, como apresentado nos princípios das Diretrizes Curriculares Nacionais.

Em contrapartida, a proposta metodológica reflete a preocupação da docente em propor atividades diversificadas que atendam às necessidades e aos interesses dos alunos. São indicadas aulas expositivas com recursos audiovisuais (projeção multimídia, filmes, vídeos e *sites* na internet), atividades individuais e grupais (trabalhos críticos, leituras, discussão de textos e de filmes da área), atividades práticas na sala de aula e na comunidade. Os recursos tecnológicos são privilegiados no plano e no desenvolvimento das aulas, inclusive com a criação de um espaço virtual específico para a turma.

A professora enfatiza na metodologia a realização de atividades práticas na aula e na comunidade, sinalizando uma associação entre a teoria e a prática. Entretanto, não menciona a pesquisa empírica sobre o entendimento que a sociedade tem com relação à superdotação, proposta nas aulas e desenvolvida pelos estudantes ao longo do semestre, talvez por ter sido uma atividade "negociada", dependente da aceitação da turma.

A avaliação parece ser uma das grandes preocupações da professora, revelada na entrevista por meio de questionamentos sobre seu papel na condução do processo avaliativo: "Como fazer para ser justa na avaliação, para não permitir que a minha percepção seja estereotipada?" (professora Angelita). Entretanto, no plano esse tópico é tratado genericamente, com a indicação dos procedimentos avaliativos e da pontuação correspondente, sem a explicitação da concepção de avaliação, dos objetivos da avaliação da aprendizagem, sistemática e de critérios, com predominância sobre os aspectos cognitivos. No entanto, as dimensões afetivas, atitudinais e psicomotoras são consideradas na avaliação dos estudantes durante a realização das atividades, reforçando uma incongruência entre o proposto no plano e o vivenciado na aula. Quanto à bibliografia, metade das indicações é de autores estrangeiros e algumas produções são da própria professora e de outros autores nacionais. Não há indicação de trabalhos científicos como monografias, dissertações e teses, tampouco *sites* de pesquisa, fato incomum para uma proposta que sugere o uso da internet como recurso didático.

O pouco detalhamento dos elementos do processo de ensino no plano pode estar relacionado ao fato de que a professora Angelita, ao submetê-lo aos estudantes no início do semestre para ser discutido, considera a possibilidade de sua reformulação uma tentativa de compartilhar a aula desde sua concepção e de atribuir maior autonomia aos alunos no processo de construção do conhecimento: "No primeiro dia de aula eu coloco o meu plano em discussão e digo: essa é a minha proposta e quero saber se gostaram ou se têm alguma coisa diferente para acrescentar".

Embora não se possa afirmar que o plano sugira uma "pedagogia invisível", a análise possibilitou apreender aspectos que sinalizam regras reguladoras de hierarquia, sequenciamento e compassamento, com enfraquecimento significativo do enquadramento[6] (Bernstein 1990). Uma situação que ilustra esse enfraquecimento é a liberdade que é dada aos alunos na seleção de temas de interesse para a realização dos seminários. Os temas não são indicados pela docente e podem partir de problemáticas do cotidiano dos alunos e da sociedade. E também, durante os processos avaliativos, a professora considera os processos internos aos alunos, principalmente nas dimensões afetiva e motivacional, que podem interferir na definição do que será estudado.

---

6. O conceito de "marco de referência" ou "enquadramento" é utilizado por Bernstein (1977) para determinar a estrutura da pedagogia (corresponde à didática, às formas de organização do processo de ensino). Está relacionado ao contexto em que se transmite e se recebe o conhecimento, à relação pedagógica entre professor e aluno.

O cenário: A sala de aula

Uma sala de aula convencional, localizada no Instituto Central de Ciências Sul (ICC), foi o espaço onde as aulas de STDH foram observadas. Uma sala tamanho padrão, mas que parecia maior pelo reduzido número de alunos matriculados na disciplina – apenas 15. Com paredes pintadas de branco e uma parede de fundo com tijolinhos, a sala era bem iluminada e ventilada. Havia carteiras universitárias, uma mesa para a professora e um quadro de giz.

A docência: "Não foi uma opção: agora vou ser professora; acho que foi uma sensação: está faltando alguma coisa"

A professora Angelita, que é formada em psicologia e atuou na área clínica durante dois anos, iniciou sua experiência no magistério em 1991, na UnB, porque queria ter uma inserção maior na comunidade e atingir mais pessoas com o seu trabalho. Sua opção pelo magistério parece ter decorrido de um processo de reflexão sobre o caráter das atividades que desenvolvia como psicóloga, sobre o papel que estaria desempenhando na sociedade, em benefício de quem, e sobre as consequências históricas concretas de sua atuação profissional: "Na docência, passaria a fazer parte da vida das pessoas e a ter uma influência profunda no desenvolvimento delas; de alguma forma tocaria as pessoas, mostraria outros caminhos, ajudaria a refletir sobre a área em que querem atuar". Uma das funções da formação universitária é a de possibilitar aos sujeitos que dela participam o pleno desenvolvimento pessoal. Nesse sentido temos a contribuição de Rué (2002, p. 173), que afirma que "(...) aprender não pode ter outro sentido que o desenvolvimento ou melhora pessoal, qualquer que seja o sentido ético, procedimental, cultural ou de competências que o sujeito outorgue ao sentido de melhora pessoal". Para isso, são necessárias condições oferecidas pela instituição e pelo docente na sala de aula, um dos espaços em que esse desenvolvimento ocorre por meio da constituição de relações e interações humanas, cognitivas, éticas, estéticas, criativas. O sentido atribuído pela professora a sua atuação docente aparece vinculado à formação na psicologia, campo que procura desenvolver no indivíduo as dimensões cognitivas, afetivas e emocionais como básicas para o desenvolvimento global do ser.

Seu ingresso no magistério ocorreu sem uma formação centrada na articulação entre a dimensão epistemológica e a dimensão pedagógica, a exemplo do que tem ocorrido com a pedagogia universitária no Brasil, exercida por professores que não têm uma identidade única e cuja formação docente tem ocorrido em cursos de pós-graduação mais voltados para a formação de pesquisadores. Contudo, mesmo tendo realizado estudos de mestrado e doutorado, formação exigida para a inserção no universo de pesquisadores na universidade, a prioridade declarada pela professora Angelita no exercício da docência é o ensino, sendo a pesquisa e a extensão secundarizadas, fato que atribui às lacunas em sua formação.

Assim, a docente elegeu o ensino como meio de contribuir para a formação pessoal e profissional dos alunos, "(...) num processo que oportunize a eles se sentirem bem consigo e com as outras pessoas. Além disso, preciso sentir que o meu papel é importante para eles, é isso que me motiva". A concepção de ensino expressa por Angelita amplia-se para além da construção de conhecimentos. Importa à docente uma formação que tenha sentido para os sujeitos que dela fazem parte, professora e alunos, possibilitando seu desenvolvimento individual e coletivo. Essa preocupação, conforme Enricone, pode contribuir para melhorar a qualidade do trabalho realizado pelo professor em sala de aula, como é possível apreender de sua análise:

> Todo processo de formação deve ter sentido para quem o realiza, mas também para quem o propõe. Os valores (éticos, sociais, epistemológicos etc.), a análise das competências a serem adquiridas, os referentes culturais e, sobretudo, o desenvolvimento pessoal, considerando os interesses e necessidades dos destinatários, são fatores a ser estudados para que haja melhoria da qualidade do trabalho docente. (2007, p. 154)

Mesmo não tendo formação pedagógica, a atuação da professora Angelita é favorecida por seus conhecimentos de psicologia e por seu empenho em exercer a docência comprometida com o desenvolvimento dos sujeitos no âmbito pessoal e profissional, como foi possível perceber nas narrativas anteriores.

Por essa perspectiva, a aula é, para a professora: "Um momento de encontro de ganho afetivo e social. O que cada um ganha afetivamente com a disciplina e com o grupo na aula pode contribuir para tornar as pessoas melhores". A concepção de aula da professora Angelita enfatiza a dimensão humana e política, imprescindível ao exercício da docência universitária. As experiências vivenciadas na aula repercutem na formação dos profissionais de psicologia, considerando-os integralmente como seres que, antes de serem profissionais, são pessoas. A aula não é apenas a manifestação do pensar a ação e do agir; constitui-se no desvelamento do novo como resultado da ação humana e que faz dela "(...) um ato de criação e expressão de valores científicos, estéticos e éticos do professor, dos alunos (...)" (Lima 2000, p. 159). Transforma-se num espaço que busca aproximar o mundo da vida do mundo do conhecimento e que pode ser caracterizado como um campo de possibilidades na formação de profissionais com uma visão mais humanizada da profissão, perspectiva que pode contribuir para a constituição de relações sociais e de trabalho mais éticas e responsáveis.

A aula concebida: "O planejado é continuamente mudado"

Mesmo sendo o planejamento da aula discutido com os alunos no início do semestre e revisto ao longo do curso, a professora Angelita não abre mão de uma organização prévia: "Eu preparo todas as aulas: os *slides*, os comentários, as atividades que serão realizadas para tornar a aula mais dinâmica. Nunca cheguei numa aula despreparada, sem saber o que eu ia fazer". A organização de um processo complexo como a aula não prescinde de um planejamento, de certa diretividade do professor, evitando cair em um *laissez-faire*, o que não contraria o objetivo de torná-la um espaço participativo para uma formação emancipatória em corresponsabilidade com os alunos. As palavras de Shor e Freire (1986, p. 61) iluminam a compreensão em relação à diretividade do professor: "Tenho que ser radicalmente democrático, responsável e diretivo. *Não* diretivo dos *estudantes*, mas diretivo do processo no qual os estudantes estão comigo. Enquanto dirigente do processo, o professor libertador não está fazendo alguma coisa *aos* estudantes, mas *com* os estudantes".

A aula construída com os estudantes é algo almejado pela professora que, ao concebê-la, aponta alguns caminhos que serão revistos na discussão com os alunos, também protagonistas da aula. Esse aspecto retoma a discussão sobre o rigor necessário na aula democrática, analisado por Shor e Freire (1986), e que favorece que o estudo se desenvolva e se transforme na relação entre professor e aluno. A aula é, portanto, criada e recriada com base nos valores, nas culturas, nas experiências e nas subjetividades dos sujeitos que a transformam no "lugar" privilegiado de formação profissional (Cunha 2008).

O planejamento da aula ministrada pela professora Angelita envolve, segundo ela própria: "Seleção e organização dos conteúdos e da literatura. Eu seleciono temas mais amplos e interessantes, em seguida penso na metodologia mais interessante para os alunos (filmes, leituras, dinâmicas), tendo em vista o impacto que causará neles". Ao planejar, a docente demonstra preocupação em criar metodologias que despertem o interesse dos estudantes pela aula, o que, na visão de uma estudante, contribui para torná-la "(...) o espaço de desenvolvimento do professor e do aluno, mas principalmente das relações entre os dois (...). Tem também o aspecto motivador, a didática, o modo de o professor convidar a gente a participar e não dar tudo mastigado" (Antonia, STDH). A estudante destaca um ponto interessante a ser considerado pelo professor no planejamento da aula: torná-la convidativa à participação dos alunos com o rigor necessário ao desenvolvimento de estudos, discussões e reflexões teóricas, transcendendo o esquema de transmissão/recepção de conteúdos tão comum nas universitárias. Ao planejar a aula, a professora Angelita está alerta para esse aspecto que parece contribuir para a percepção que os estudantes têm sobre a aula como espaço de construção coletiva do conhecimento e para que se vejam partícipes de sua organização, de seu desenvolvimento e de sua avaliação.

Durante a evolução das aulas, o planejado é continuamente mudado, implicando a revisão do calendário e da sequência dos temas e metodologias, conforme explicita a docente Angelita: "As decisões tomadas coletivamente devem ser significativas e de acordo com a realidade dos alunos. Eu sempre trago o tema, e a metodologia implica uma parte da decisão do aluno. O processo da aula tem que ser de construção coletiva". O planejamento flexível das aulas possibilita ajustes no processo didático para atender às necessidades do professor e dos alunos e favorece a corresponsabilidade pelo processo de ensinar, aprender, pesquisar e avaliar. Dessa perspectiva a avaliação da aula assume relevância por apontar os aspectos que merecem ser revistos no planejamento e, consequentemente, nas atividades desenvolvidas em sala de aula.

Angelita acompanha o processo didático "(...) durante o semestre, com pequenas avaliações que vão indicando para onde vai a proposta feita no início do semestre". Assim, a avaliação oferece informações que contribuem para a reorganização da aula, apontando caminhos para sua constituição, na perspectiva analisada por Veiga (2008) da aula como um projeto colaborativo.

Durante as observações de aula foi possível acompanhar um desses momentos em que, por uma necessidade da docente, a disciplina e as aulas foram avaliadas. Na avaliação estiveram em discussão a participação dos estudantes no *site* criado para manter uma comunicação maior entre o grupo e a professora, e o processo de acompanhamento e de avaliação do desenvolvimento das atividades de leitura, estudo e pesquisa. A professora oportunizou a todos os alunos falarem, questionarem, levantando pontos positivos e negativos do uso do *site*. Em seguida, sinalizou com a possibilidade de atividades alternativas para quem não estivesse adaptado ao uso da tecnologia. A respeito da liberdade para participar e intervir nos rumos da aula, uma estudante se manifestou: "Ela dá liberdade para quem não se adapta ao sistema mais aberto de avaliação e prefere o tradicional, com a realização de provas. Ela se preocupa com cada indivíduo e tem a capacidade de direcionar as atividades de acordo com as necessidades de cada aluno" (Aline, STDH). A oportunidade de avaliar a aula é um exercício de construção da autonomia pelo aluno que, na visão de Freire (1998, p. 120), "(...) vai se constituindo na experiência de várias, inúmeras decisões que vão sendo tomadas". Embora seja muito cobrada, a autonomia é pouco incentivada e são escassas as situações para vivenciá-la no âmbito da universidade. Ao avaliar a aula com os alunos, a professora Angelita assume uma atitude edificante, voltada para a emancipação, a solidariedade e a construção da autonomia como processo coletivo, alimentado, conforme Contreras (2002, p. 196), "(...) pela análise da própria prática, das razões que sustentam as decisões e dos contextos que a limitam ou condicionam". A avaliação, dessa forma, passa a ser vista como processo fundamental para a constituição de práticas inovadoras em sala de aula.

A aula vivida: "É construída com o aluno"

A aula universitária é a forma predominante de organização do processo de ensino que resulta da interação do professor com seus alunos. Interação esta que dá dinamicidade às ações vividas nesse espaço, a partir do momento em que possibilita a criação e a recriação do processo educativo pelas perspectivas desses sujeitos. Não obstante os processos de desumanização correntes na sociedade moderna, em que a dimensão material tem prevalecido sobre a dimensão humana, a aula de STDH promove uma formação centrada no ser humano, nos ganhos afetivos e sociais que as relações pautadas pela afetividade, pela liberdade e pelo respeito às subjetividades podem proporcionar ao processo formativo dos futuros profissionais da área de psicologia, evidenciando-se como uma intervenção didática inovadora por modificar a situação tradicional no tratamento do conhecimento, em sala de aula.

Uma experiência inovadora caracteriza-se, conforme Lucarelli (2007, p. 80), pela "(...) *ruptura* com o estilo didático habitual e o *protagonismo* que identifica os processos de gestação e desenvolvimento da prática nova". A inovação como ruptura provoca a interrupção de práticas repetitivas e previsíveis que só podem ser compreendidas, no contexto em que são desenvolvidas, pelos sujeitos que as realizam e que imprimem significado ao processo de ensino e de aprendizagem em sala de aula. Na promoção de inovações, o papel do professor reveste-se de importância por ser ele o orientador da prática pedagógica, considerando os condicionantes socioculturais que interferem nessa prática. Para tanto, as concepções epistemológicas dos docentes que buscam inovações no ensino divergem da concepção epistemológica da ciência moderna (Cunha 1998), quais sejam:

- a educação como prática social é um processo construtivo e permanente de emancipação do sujeito;
- o conhecimento como construção social é provisório e inacabado;
- a relação teoria-prática possibilita apreender a complexidade do processo de ensino;
- todo conhecimento é local e global, é autoconhecimento;
- todo conhecimento científico visa constituir-se em senso comum.

Dando continuidade à análise de processos inovadores no contexto universitário, que implicam ruptura com práticas habituais de ensino, foi possível identificar nas aulas de STDH categorias que dão sinais de um movimento instituinte pautado: pela relação pedagógica como categoria fundante da aula; pelo uso da tecnologia na construção coletiva do conhecimento; pela construção da autonomia do sujeito em formação. A construção do conhecimento está na base dessas categorias, de uma perspectiva humanizadora que busca superar dicotomias e valorizar a agregação, a união. A epistemologia está voltada para a solidariedade e a singularidade *dos* e *entre os* sujeitos produtores de saberes em sala de aula, campo de possibilidades de conhecimento no qual optam tanto os alunos quanto os professores, opções estas assentadas em "(...) emoções, sentimentos e paixões que conferem aos conteúdos curriculares sentidos inesgotáveis" (Santos 1996, p. 18).

A relação pedagógica na sala de aula explica-se por vínculos, interações, acordos e desacordos, por consensos e dissensos vividos pelo docente e pelos alunos na construção do conhecimento; trata-se, portanto, de uma relação entre pessoas mediada pelo conhecimento. Nas aulas observadas, essa relação era democrática e afetiva, pautada pelo respeito ao indivíduo, sendo o poder de decisão e ação compartilhado por todos. Algumas situações são bem representativas da relação que a professora Angelita estabelecia com os alunos em sala de aula, como os incentivos feitos por ela aos estudantes, após a apresentação dos seminários, ocasião em que procurava evidenciar os aspectos positivos da atuação do aluno e sempre dizia: "Você me surpreendeu!". Outro exemplo é sua atitude ao responder a estudantes que indagavam sobre a elaboração do relatório da pesquisa que desenvolviam com a comunidade: "Tragam o que vocês já têm construído para eu dar uma olhada, e lembrem-se: os trabalhos devem ser pedagógicos. Se errarem, terão a oportunidade de refazer". As reflexões feitas por Angelita durante uma aula também são constitutivas da maneira como pensava a docência: "Como educadores, temos que conhecer as características específicas de nossos alunos, seus pontos fortes e seus interesses, suas necessidades cognitivas, sociais e afetivas, a fim de dar-lhes oportunidades de construir o conhecimento no seu próprio ritmo".

Desde o século XIX a universidade assume o lugar de protagonista na produção do conhecimento científico e de alta cultura. Vários fatores contribuíram para torná-la uma instituição singular e prestigiada socialmente, imprescindível para a formação das elites: a excelência de seus produtos culturais e científicos, a atividade intelectual, a autonomia e a liberdade de expressão e discussão. Essa concepção de universidade foi fundamentada em pressupostos formulados nas dicotomias: alta cultura/cultura popular; educação/trabalho; teoria/prática (Santos 1995). Entretanto, a progressiva massificação e a consequente heterogeneização dos alunos têm indicado a necessidade de a universidade rever seu papel na sociedade atual e criar mecanismos por meio de pesquisas e do ensino que contribuam para a emancipação das minorias e para o reconhecimento das subjetividades. Nesse cenário, tem sido cada vez mais difícil permanecer "indiferente à diferença" (*idem*) e aos problemas que emergem com a massificação do ensino na universidade.

O fenômeno da massificação, na visão de Zabalza (2004), repercute no desenvolvimento da docência universitária, implicando a necessidade de mudança das estratégias de ensino e aprendizagem, considerando que os adultos que chegam à educação superior possuem vasta bagagem de experiências que demandam a "(...) introdução de novas dinâmicas de relacionamento e novas formas de organizar a rotina estudantil etc." (*ibidem*, p. 30). Desse ponto de vista, a relação pedagógica, observada nas aulas, configura-se como inovação edificante por promover uma maior comunicação e um melhor diálogo entre professora e alunos, cada qual com suas experiências e saberes, na perspectiva defendida por Santos de que o verdadeiro conhecimento deve ser aquele "(...) compreensivo e íntimo, que não nos separe e antes nos una pessoalmente ao que estamos estudando" (1996, p. 53). Conforme explicitam as estudantes, a boa relação pedagógica na aula é resultante da atuação da professora, de sua personalidade profissional e pessoal:

> A professora é muito amável, respeita o ritmo de cada aluno. (Antônia, STDH)
>
> (...) ela se preocupa com a nossa satisfação, em nos ver felizes realizando o trabalho. (Amélia, STDH)
>
> (...) ela demonstra interesse por cada aluno e não está preocupada em apenas passar o conteúdo. Ela está preocupada com o indivíduo mesmo. A personalidade dela influencia muito no tipo de aula. (Anita, STDH)

A professora reúne características pessoais que favorecem a boa relação com os alunos, é uma profissional sensível às demandas pessoais e acadêmicas dos alunos e isso parece fazer a diferença, como ilustram os depoimentos acima.

Outro aspecto observado, a construção coletiva do conhecimento com o uso do computador, foi vivenciado pela professora Angelita com seus alunos como uma experiência inovadora, como podemos acompanhar nas falas a seguir:

A proposta da professora de construir um *site* junto com a gente é a ideia em prática de construir o conhecimento com os alunos. (Anita, STDH)

(...) a gente está construindo essa matéria com a professora e provavelmente ela não dará essa matéria exatamente da mesma forma no próximo semestre. Imagino que ela manterá o *site* que é um espaço aberto para o conhecimento. (Ana, STDH)

O termo inovação, conforme Aguerrondo (2002), surge associado à ideia de mudança, reforma e novidade, sendo que, na área educacional, corresponde a mudanças superficiais no sistema de ensino, uma vez que são criados artifícios que não causam mudanças substanciais em decorrência de não se rever o paradigma que orienta a proposta de ensino. Segundo M.C. Moraes (1997, p. 17), um paradigma educacional dominante não se modifica "(...) apenas colocando uma nova roupagem, camuflando velhas teorias, pintando a fachada da escola, colocando telas e telões nas salas de aula, se o aluno continua na posição de mero espectador, de simples receptor, presenciador e copiador". A perspectiva do paradigma emergente no ensino requer que o aluno seja protagonista na construção do conhecimento, uma outra racionalidade que surge como alternativa para que o poder em sala de aula seja dividido.

Huberman (1973) diferencia "mudança" de "inovação", afirmando que a primeira rompe com hábitos, rotinas, pela necessidade que os sujeitos têm de pensar de forma nova ações rotineiras, mas se produz por si mesma e só em último caso pelos resultados que pode apresentar. A mudança, por essa perspectiva, é vista como um fim em si mesmo e pode produzir alterações temporárias e parciais em situações e circunstâncias em nível individual, porém dificilmente promoverá alterações estruturais num ambiente ou meio social, tendo em vista que não se insere num contexto histórico e social. Já a inovação "(...) não é necessariamente uma invenção; caracteriza-se fortemente pela planificação, pela intencionalidade" (*ibidem*, p. 10); deve ser compreendida no contexto das relações humanas; portanto, não é um ente abstrato; realiza-se em um contexto histórico-social – perspectiva em que se inseriu o uso do computador nas aulas observadas, visto que implicou uma transformação orientada pela intencionalidade na utilização das novas tecnologias da comunicação e da informação para efetivar a transformação pretendida, conforme explicita uma estudante:

> Eu gosto muito do *site* por ser um recurso utilizado pela professora para acompanhar as atividades propostas, o desenvolvimento dos alunos. Ela vai orientando o processo e tem sido importante para ela e para nós também. (Amélia, STDH)

> (...) eu gostei do *site*; se tivesse um para cada disciplina eu seria mais feliz, é a minha cara. À medida que vou lendo, vou anotando coisas, mesmo caóticas, confusas, (...), vou colocando no *site*. (Estudante, STDH)

O *site* da turma, criado pela docente, foi usado como recurso de ensino com o objetivo de estabelecer um canal de comunicação entre professora e alunos e entre alunos e alunos, favorecendo o alargamento das fronteiras dos saberes e sua integração com outros saberes, formando uma rede de conhecimentos baseada nas relações e interfaces, capaz de reduzir as fronteiras do conhecimento criadas pela ciência moderna (Santos 2003).

No limiar do século XXI, na educação superior, a aula expositiva é ainda privilegiada como técnica de ensino e de aprendizagem, focalizada na transmissão de informações, conteúdos, técnicas, procedimentos e resultados de pesquisas com vistas à formação de novos profissionais. Isso numa sociedade em que as tecnologias estão em ampla expansão em todos os campos de trabalho. Para Masetto (2000b, p. 134),

> (...) a desvalorização da tecnologia em educação tem a ver com experiências vividas nas décadas de 1950 e 1960 quando se procurou impor o uso de técnicas nas escolas, baseadas em teorias comportamentalistas, que, ao mesmo tempo em que defendiam a auto-aprendizagem e o ritmo próprio de cada aluno nesse processo,

impunham excessivo rigor e tecnicismo para se construir um plano de ensino, definir objetivos de acordo com determinadas taxionomias, implantar a instrução programada, a estandardização de métodos de trabalho para o professor e de comportamentos esperados dos alunos.

No entanto, as experiências da professora Angelita e de seus alunos dão sinais de que há propostas de uso dos recursos tecnológicos como mediação pedagógica no processo de ensino e aprendizagem, que podem contribuir para: o acompanhamento do estudante, motivando-o a alcançar os objetivos de aprendizagem; a maior interação entre professor-aluno e aluno-aluno; e a adoção de práticas avaliativas que focalizem, além dos resultados, o processo das aprendizagens almejadas, reconfigurando a relação tempo-espaço da aula presencial. A velocidade com que se trocam informações, trabalhos, e se acessam relatórios de pesquisas é grande, e a orientação aos estudantes não se dá apenas no espaço convencional da aula, mas também nos períodos "entreaulas". Para Masetto, isso torna possível "(...) o desenvolvimento da criticidade para se situar diante de tudo o que se vivencia por meio do computador, da curiosidade para buscar coisas novas, da criatividade para se expressar e refletir, da ética para discutir os valores contemporâneos e os emergentes em nossa sociedade e em nossa profissão" (ibidem, p. 137).

A perspectiva de trabalho analisada alia educação presencial e não presencial e favorece a discussão sobre os conteúdos estudados na aula presencial, as pesquisas em andamento, o compartilhamento das experiências individuais; é a construção coletiva de conhecimentos, colocando professora e estudantes em contato fora dos horários convencionais da aula. Essa perspectiva demanda uma revisão do papel do professor e de sua mediação pedagógica no processo de ensinar, aprender, pesquisar e avaliar. Aliado ao desempenho do papel de especialista em uma determinada área do conhecimento, o docente desenvolve um trabalho de parceria e produção de conhecimentos com os estudantes, de discussão e negociação de propostas de trabalho que atendam aos objetivos do curso e aos interesses da formação humana e profissional dos alunos. A professora Angelita parece ter essa percepção, como pude perceber nas aulas de STDH.

Na experiência analisada, o computador transformou-se num espaço coletivo virtual no qual as pessoas ensinavam, aprendiam, pesquisavam e avaliavam o conhecimento. Criou-se uma comunidade virtual de aprendizagem, estabelecendo redes integradas de saberes que, na visão de Lévy (1999, p. 127), "é construída sobre as afinidades de interesses, de conhecimentos, sobre projetos mútuos, em processo de cooperação ou troca, tudo isso independentemente das proximidades geográficas das filiações institucionais".

Entretanto, durante as aulas foi possível observar algumas resistências dos estudantes em relação ao uso do espaço tecnológico:

> Não tenho paciência com internet; eu achei que estava entrando na página e depois fiquei sabendo que não estava. (Estudante, STDH)

> (...) entro no *site*, estou acompanhando, só que ainda não coloquei nada, não sei o que colocar. (Estudante, STDH)

Essas resistências podem ser analisadas como dificuldades dos alunos em acolher uma proposta metodológica diferente das vivenciadas em suas trajetórias escolares, fortemente marcadas pelo ensino transmissivo e reprodutivo, mas também podem ser relativas às dificuldades quanto ao uso do computador ou até mesmo de acesso à internet. Diante delas, Angelita não se mostrou indiferente; ao contrário, procurou formas de equacioná-las: "Não estou obrigando a que entrem no *site*. Tem gente que não gosta; então, pode enviar para o meu *e-mail* que eu posso intermediar e colocar na página, mas acho importante a participação de todos". A professora poderia, também, ter recorrido a outra estratégia para trabalhar as dificuldades apresentadas pelos estudantes: a utilização dos laboratórios existentes no departamento e na universidade, agregando maior valor ao uso do computador, a partir do momento em que os alunos superassem os medos, resistências e dúvidas em relação ao equipamento e sua manipulação, reforçando a ideia de que as técnicas não se justificam por si próprias, mas pelos objetivos que se pretende alcançar com sua utilização: as aprendizagens de todos.

A terceira experiência que contribuiu para que as aulas de STDH se caracterizassem pela inovação foi a construção da autonomia do sujeito em formação, o que significa que nas aulas o conhecimento foi construído por meio do trabalho individual e grupal de forma cooperativa, da análise das potencialidades e limitações pessoais e do diálogo dos estudantes com a professora e entre os próprios alunos. Naturalmente, as condições analisadas anteriormente serviram de pano de fundo para a construção da autonomia, ou seja, esta é consequência das relações estabelecidas na sala de aula e da elaboração coletiva do conhecimento. Os excertos a seguir são elucidativos da proposta educativa adequada ao contexto de formação e aos estudantes, em termos de dispositivos pedagógicos (Bernstein 1990) que incentivam o pensamento e as práticas autônomas na sala de aula:

(...) é interessante a gente ter a autonomia para desenvolver a disciplina. A professora diz: quem tiver algum interesse focal que queira trabalhar poderá fazê-lo. Então, temos a liberdade de aprofundar naquilo que nos interessa. (Aline, STDH)

(...) ela deixa a gente escolher as melhores datas de entrega de trabalhos e a gente se organiza em relação ao tempo. (Anita, STDH)

(...) mesmo sendo rígida, ela consegue ser flexível e isso é legal porque nós mesmos estabelecemos um objetivo (...). (Ana, STDH)

(...) marquei a data do meu seminário e mudei o tema para eu poder falar sobre algo que era mais conhecido por mim, e a coisa começou a motivar e dar preguiça o contrário (...). (Antônia, STDH)

Uma característica dos estudantes universitários é que são pessoas adultas, com condições de traçar um projeto de vida pessoal e profissional. Desses sujeitos, a partir do momento em que adentram a universidade, é cobrada a autonomia para regerem suas vidas acadêmicas, independentemente de a terem vivenciado ou não na educação básica:

No ensino médio ficamos numa posição de passividade e quando entramos na universidade espera-se que isso não vá acontecer. Esperamos uma relação com o professor um pouco mais horizontal e que não predomine a absorção de conhecimentos do professor e sim a construção conjunta. (Anita, STDH)

(...) no ensino médio ficávamos calados na sala de aula, mas aqui temos que direcionar o nosso curso, escolher disciplinas, fazer escolhas e isso exige um sujeito mais ativo, mais autônomo para atingir os objetivos que temos. (Amélia, STDH)

Embora a autonomia seja uma exigência para o estudante e o futuro profissional, são ainda tímidas as situações favoráveis a seu desenvolvimento e a seu exercício no âmbito da universidade. No entanto, é preciso considerar que as salas de aula são lugares povoados por jovens com experiências, expectativas e saberes plurais e diversificados, muitas vezes ignorados pelos docentes que ainda preservam em seu imaginário os estudantes idealizados pelas teorias pedagógicas dos séculos passados, isso num contexto social rico de possibilidades formativas.

O fato de a professora Angelita investir na formação do sujeito autônomo, que partilha da organização, da execução e da avaliação da aula – em oposição às práticas silenciadoras e focadas na transferência do conhecimento –, requer dos estudantes o enfrentamento e a superação de formas de pensar e agir que causam entrave à proposta de um ensino emancipador:

É um pouco difícil lidar com toda essa flexibilidade porque é algo estranho para nós que estamos acostumados com o professor totalmente diretivo. (Amélia, STDH)

(...) desejamos tanto que os professores sejam assim e quando encontramos não reforçamos esse professor. (Ana, STDH)

A construção da autonomia dos sujeitos em formação nas aulas ministradas pela professora Angelita visa superar o sentido limitado da autonomia, reduzida, segundo Contreras (2002, p. 63), a uma "(...) mera oportunidade de atuar sem condicionantes (...)". Autonomia que desconsidera as relações existentes entre o controle social e a autonomia no âmbito das relações sociais democráticas, ou seja, uma autonomia que enfatiza "(...) a dependência de diretrizes técnicas, a insensibilidade para os dilemas, a incapacidade de resposta criativa ante a incerteza" (*ibidem*, p. 146). Em seu lugar, busca-se a autonomia entendida como um processo construído e alimentado coletivamente e que pressupõe a reflexão sobre as ações desenvolvidas e a consciência das razões que dão sustentação a elas, bem como da forma como são condicionadas pelo contexto. Desenvolver um ensino com vistas à aprendizagem significativa dos alunos requer dos docentes a compreensão dos fenômenos que interferem na aprendizagem, a mudança das condições em que se produz a aprendizagem e a disposição para questionar suas concepções e práticas de ensino. Representa a possibilidade, conforme Grundy (1987, p. 136), de "(...) enfrentar e questionar as próprias bases das relações de poder das quais tradicionalmente depende a educação", e a adoção de práticas e pensamentos alternativos no sentido da formação de sujeitos críticos, reflexivos e autônomos, que possam atuar na sociedade, transformando-a.

Aula de aprendizagem perceptivo-motora:[7] *"Aula de poucos professores"*

O curso: Licenciatura em educação física

A educação física "é uma área do conhecimento e de intervenção acadêmico-profissional que tem como objeto de estudo e de aplicação

---

7. A disciplina, ofertada no sexto semestre do curso de educação física, objetiva o estudo de conteúdos teórico-práticos voltados para a compreensão das dimensões cognitiva, motora, afetivo-social e histórico-cultural da totalidade humana, relacionando-as ao processo de aprendizagem e desenvolvimento infantil. É uma disciplina obrigatória, sem exigência de pré-requisitos. A carga horária semanal é de

o movimento humano, com foco nas diferentes formas e modalidades do exercício físico (...)" (CNE/CES, n. 7, de 31 de março de 2004). O profissional egresso do curso de educação física deve ser formado para posicionar-se criticamente diante da realidade social, analisando-a e intervindo nela, acadêmica e profissionalmente, por meio das diferentes manifestações e expressões do movimento humano, com vistas ao desenvolvimento global das pessoas.

Conforme as DCNs, a organização curricular do curso de educação física é articulada às unidades de conhecimento de formação específica e ampliada. A formação ampliada deve contemplar como dimensões do conhecimento: a) a relação ser humano e sociedade; b) a relação biológica do corpo humano; c) a produção do conhecimento científico e tecnológico. A formação específica abrange conhecimentos identificadores da educação física, nas dimensões culturais do movimento humano, técnico-instrumentais e didático-pedagógicas, possibilitando aos futuros docentes a apropriação dos conhecimentos pedagógicos necessários ao exercício do magistério na educação básica, como especificado nas Diretrizes. Essa organização se caracteriza pelo conteúdo curricular que garante a formação humanística (conhecimento filosófico, conhecimento do ser humano, conhecimento da sociedade e formação técnica) como dimensão formativa integrada pelo aspecto geral, considerado básico, e pelo aspecto complementar, constituído pelo aprofundamento de conhecimentos da área, compreendendo os aspectos formativos apontados pelas DCNs.

Plano de ensino: O proposto

Os objetivos elencados no plano de ensino da disciplina APM privilegiam a dimensão cognitiva na formação e não deixam transparecer a relação teoria e prática, uma das categorias percebidas nas aulas observadas. A ênfase recai no desenvolvimento e na aprendizagem

---

quatro horas-aula correspondentes a quatro créditos. As aulas foram desenvolvidas durante as manhãs de terças e quintas-feiras, das 10 às 11h50min, durante o segundo semestre de 2008. A disciplina será identificada pela sigla APM.

infantil, com respaldo nas Diretrizes Curriculares que ampliam a atuação do profissional para além da escola, em espaços que possibilitem a prática de atividades físicas, recreativas e esportivas.

Os conteúdos propostos reforçam a preocupação com uma formação do professor que compreenda os fundamentos teóricos de suas práticas. Os conteúdos articulam-se aos objetivos e, embora apresentados de forma fragmentada, não dimensionando a contextualização e a relação teórico-prática vivenciadas durante as aulas, proporcionam aos estudantes uma visão multidimensional (humana, técnica e político-social) das teorias e dos processos que interferem na aprendizagem infantil, em consonância com as Diretrizes Curriculares.

A metodologia que tem como função indicar os métodos, os procedimentos e os materiais didáticos necessários ao professor e aos alunos para que possam alcançar os objetivos propostos é composta por: aulas expositivas, trabalho individual e em grupo, e uso do vídeo. A metodologia não descreve como, por meio das atividades propostas, o docente relacionará a teoria à prática e garantirá a participação dos estudantes nas aulas, ou seja, ela não explicita o processo didático observado nas aulas.

No que se refere à avaliação, embora o professor não declare a função que esta assume no processo de ensino e aprendizagem, os procedimentos e os critérios avaliativos sugerem uma avaliação somativa, com peso maior para algumas atividades como elaboração de trabalhos e provas. A autoavaliação é prevista para que os estudantes avaliem a frequência, a participação e a assiduidade nas aulas.

Na bibliografia, há a indicação de leituras básicas e complementares de autores estrangeiros e nacionais. Não há sugestão de trabalhos de pesquisa científica, como monografias, dissertações e teses, que seriam adequados a uma proposta de ensino que visa relacionar conceitos e teorias às situações concretas do cotidiano escolar.

A análise do plano revela uma visibilidade que, de acordo com Bernstein (1990), apresenta critérios definidos e declarados *a priori* e enfatiza a transmissão do conteúdo e os resultados das aprendizagens.

O plano, ao ser confrontado com as narrativas do professor e suas observações, diverge no sentido de que as práticas percebidas nas aulas se direcionam para uma pedagogia crítica, pautada pela compreensão das relações sociais, no âmbito da universidade e da escola básica. As pedagogias, conforme Cunha e Leite (1996, p. 25), "(...) geram 'vozes' próprias às diferentes práticas", o que reforça a importância da utilização de diferentes procedimentos de levantamento de dados para captar os significados dessas vozes expressas pelas pedagogias.

O cenário: Entre a sala de aula e o tatame

As aulas da disciplina APM foram observadas na sala de aula convencional e numa sala multiuso (tatame), ambas localizadas no Centro Olímpico. A sala de aula era ampla, com paredes divisórias e piso *paviflex* que facilitava a realização de práticas corporais, como as propostas pelo professor Joaquim. Havia boa ventilação e a iluminação era complementada por lâmpadas. As carteiras universitárias, sempre dispostas em círculo, ficavam encostadas às paredes e criavam no centro da sala um espaço maior para os jogos e as atividades. A mesa do professor localizava-se em frente ao quadro-branco, para registros de esquemas sobre o conteúdo a ser estudado. Havia uma cadeira para Joaquim, quase nunca utilizada, pois ele preferia manter um contato mais próximo com os estudantes, movimentando-se pela sala.

Algumas aulas foram observadas em uma das salas multiuso disponíveis para práticas corporais diversas, uma sala ampla que dispunha de espaços e materiais específicos para as atividades planejadas pelos docentes do curso. Um desses espaços, o tatame, foi a opção do professor Joaquim para viabilizar a realização de jogos e atividades corporais que exigissem maior movimentação e liberdade corporal, possibilitando a vivência de atividades práticas associadas à teoria estudada na sala de aula convencional.

A docência: "Uma opção não planejada, mas investida..."

O professor Joaquim iniciou sua carreira docente na educação básica, em escolas da rede pública de ensino do Distrito Federal, na década de 1980. No entanto, o magistério não se configurava uma opção profissional: "Eu gostava muito da química (...), eu queria ser químico, mas levei uma reprovação aqui na UnB e pensei – não vou conseguir passar em química (...). Fiz vestibular para educação física e passei". Embora a docência não tenha sido sua primeira opção profissional, o professor Joaquim passou a interessar-se pela educação física e a investir na carreira pelas aprendizagens pessoais que só o magistério oportuniza: "Eu era muito cognitivista, não tinha relacionamentos e na educação física eu vi um mundo de aprendizagens pessoais. Minhas limitações de falar, de me relacionar vieram à tona". Na formação docente, conforme Nóvoa (1992), deve ser considerado como eixo de referência o desenvolvimento profissional dos professores, na dupla perspectiva do professor individual e do coletivo docente. Na perspectiva do individual, ressaltada pelo professor Joaquim, a formação "(...) implica um investimento pessoal, um trabalho livre e criativo sobre os percursos e os projetos próprios, com vista à construção de uma identidade, que é também uma identidade profissional" (*ibidem*, p. 25). A docência é um processo construído ao longo de uma trajetória de vida pessoal e profissional; os frutos desse processo repercutem na constituição própria de cada sujeito, em sua forma de ser e estar no mundo e na profissão. A formação deve, portanto, dar sentido aos caminhos traçados pelo professor em sua trajetória de vida, porque, conforme Nias (*apud* Nóvoa 1992, p. 25), "(...) o professor é a pessoa. E uma parte da pessoa é o professor", sendo necessário considerar nas pesquisas que analisam as práticas docentes a forma como as idiossincrasias interferem no ser professor e em suas opções teórico-metodológicas.

As percepções que o professor Joaquim tem sobre a docência e a forma como esta influenciou seu desenvolvimento pessoal levam-no a concebê-la como "(...) a possibilidade de fazer as pessoas melhorarem de concepção de mundo, de vida". Um espaço de crescimento pessoal, mas que se estende à comunidade; segundo Joaquim, "(...) não é uma coisa só para os alunos, é um espaço de trabalho com pessoas, de democratização de um conhecimento mais crítico, mais voltado para a comunidade". Ao enfatizar a docência como um espaço de trabalho com pessoas, ou seja, de relações, o professor nos remete ao conceito de relações adotado por Freire (1996, p. 47), fundamentado na assertiva de que "(...) o homem, ser de relações e não só de contatos, não apenas está *no* mundo, mas *com* o mundo". A concepção de docência expressa pelo professor Joaquim denota uma forma de "estar com o mundo", uma abertura à comunidade, à realidade social mais ampla, com base na ideia de que democratizar o conhecimento crítico é uma das funções da universidade, cabendo ao professor concretizá-la nos processos de ensinar, aprender e pesquisar para além dos muros da instituição. Trabalhar o conhecimento para que esteja a serviço da sociedade, de acordo com Santos (1996), requer ainda sua revisão epistemológica, política e social, valorizando o contexto sócio-histórico e dialogando com os saberes locais, o que parece ser a perspectiva defendida pelo professor Joaquim, a de uma docência como exercício democrático e político.

Em fevereiro de 1999, o professor Joaquim foi convidado pelo diretor da Faculdade de Educação Física à época para exercer a docência na instituição, por força de um convênio entre a Fundação Universidade de Brasília (FUB) e a Secretaria de Educação do Distrito Federal (SEDF), na condição de professor colaborador.

Mesmo considerando que a docência não é só ensino, é também pesquisa e extensão, o professor Joaquim declara dedicar-se mais ao ensino e ressente-se das críticas dos colegas em relação a sua opção: "O pessoal me critica porque eu ainda não fiz o mestrado; estou muito na criatividade de aulas, eu crio o tempo inteiro". A visão dos professores reflete os interesses da comunidade científica da qual fazem parte. Com base na ideia de Bourdieu (2003) sobre campo científico, é possível que os docentes, ao assumirem essa posição, estejam em defesa do campo científico da educação física, ou seja, está em jogo o monopólio da autoridade científica, que confere reconhecimento aos pares da área de conhecimento, ligada ao desenvolvimento científico. Mesmo considerando que nesse campo a autoridade científica é um tipo de capital, e que quem detém maior capital ocupa posição de domínio na estrutura, há necessidade de defender os interesses comuns do grupo, o que pode justificar as críticas ao professor feitas pelos colegas da área.

O professor Joaquim considera que, ao ensinar, está também pesquisando, criando metodologias e situações propícias à aprendizagem: "Quando eu dou aula, estou pesquisando, observando o que os estudantes estão aprendendo ou não". Por esse depoimento é possível inferir que ele considera a sala de aula um campo de investigação que lhe possibilita, por meio dos saberes produzidos nesse espaço, intervir nas aprendizagens dos estudantes, o que pode ser considerado significativo na universidade. No entanto,

> (...) o professor de ensino superior é um profissional que constitui parte de uma comunidade de conhecimento, comunidade esta *locus* de sua prática social. O conhecimento é o objetivo, o objeto e o instrumental de trabalho, presente nas condições sociais do fazer do professor, seja este fazer de ensino ou de investigação, de disseminação e/ou de produção. (Franco 2001, p. 116)

Por meio da pesquisa o docente universitário tem a oportunidade de discutir os problemas que emergem em seu campo científico e neles intervir, além de elevar o nível das aulas que ministra. Assim, faz-se necessário um maior investimento na formação do professor para que possa atuar no ensino e na pesquisa. A pós-graduação configura-se, então, como a formação necessária para o professor inserir-se na comunidade do conhecimento, visando não só à sua disseminação, mas também à sua produção.

A aula concebida: "Eu tenho um planejamento, mas, diante do que ocorre na aula, eu replanejo"

Ao ser instado a falar sobre como as aulas de APM são concebidas, o professor Joaquim declarou que, embora tenha um conteúdo a seguir,

"(...) o importante é que os alunos façam a relação teoria e prática (...). A disciplina tem a função de articular o conhecimento que eles tiveram na psicologia, na didática com a realidade da escola; minha função é possibilitar essa relação". A busca pela relação teoria e prática fundamenta o trabalho pedagógico que o professor realiza em parceria com os estudantes, sujeitos que veem essa categoria como o diferencial das aulas:

> Vimos as teorias da aprendizagem em outras disciplinas e, não sei, parece que não encaixava, não aplicávamos e quando chegamos aqui e o Joaquim começou a falar das experiências do dia a dia, da nossa vida, da nossa infância, foi começando a fazer sentido. (Jaqueline, APM)

Os conteúdos, na visão do professor, devem ser desenvolvidos em aula, articulados significativamente às experiências de vida dos estudantes, aos seus interesses e às suas necessidades, ou seja, os condicionantes sócio-históricos direcionam os processos de ensino e de aprendizagem. Os conteúdos são dinâmicos, contextualizados e, de acordo com Saviani (2005, p. 9), "(...) possibilitam o acesso ao saber elaborado (ciência), bem como o próprio acesso aos rudimentos desse saber". Por essa perspectiva, o professor Joaquim organiza seu planejamento, considerando as experiências vivenciadas em aula como parâmetros que indicam o caminho que será seguido: "Eu tenho um planejamento, mas diante do que ocorre na aula eu planejo a aula seguinte; a aula tem que vir da necessidade do grupo". Para isso ele considera os conhecimentos prévios que os alunos têm sobre o conteúdo em estudo.

No desenvolvimento das aulas, o professor Joaquim propõe atividades e reflexões por meio de filmes, textos, situações-problema, jogos, atividades práticas, recorrendo ao repertório de saberes e práticas construído ao longo de sua trajetória profissional; como reconhece um estudante, são "(...) situações bem diversificadas em que construímos conceitos e estabelecemos vínculos com o real, com a cultura, o que vemos e convivemos todo dia" (Jessé, APM). Nas narrativas, as metodologias propostas para a aula são mais significativas e articuladas aos objetivos de ensino do que as percebidas no plano de ensino, evidenciando que a materialização da aula traz em si a condição de, no diálogo com os protagonistas, revestir-se de sentido e dinamismo, transcendendo o escrito.

Em relação à avaliação da aula, o professor não apontou, em suas narrativas, a forma como ela ocorre ou o uso de procedimentos avaliativos para esse fim, mas a declaração seguinte indica que há um processo de avaliação do trabalho pedagógico, mesmo que ainda não sistematizado: "Sou sensível à escuta dos alunos. Eles falam o tempo todo na aula, eles dão o *feedback* o tempo inteiro para mim", evidenciando uma preocupação em ouvir os estudantes e em captar a receptividade em relação ao proposto na aula, como ilustra o excerto a seguir: "Ele vê se a turma não está focada na atividade, se naquele dia está mais frio, mais quente... Ele aborda o tema da aula captando a turma" (Jader, APM). A sensibilidade e a abertura do docente para ouvir os estudantes são condições para a constituição de uma relação pedagógica que contribua para a revisão do processo de ensino e de aprendizagem na aula. É com base no retorno dado pelos alunos que o professor reorganiza seu planejamento com vistas a criar condições e situações didáticas que viabilizem a aprendizagem na disciplina.

A concepção de planejamento expressa pelo professor Joaquim evidencia uma preocupação em transformar o ato mecânico de planejar em possibilidades para a constituição de condições pedagógico-didáticas que contribuam de fato para a formação do professor de educação física, com a compreensão de seu campo de atuação. Embora a análise do plano de ensino tenha apontado algumas fragilidades teórico-metodológicas, as narrativas sinalizam que há uma reflexão constante do docente sobre suas ações, característica do profissional que busca, por meio dos referenciais de sua própria prática, o que Tardif (2002) denomina saberes da prática: rever processos, conceitos e ações. Além disso, as narrativas indicam que, no planejamento, o que conta para o professor não é somente a dimensão técnica em nome da eficiência do ensino, própria da concepção tecnicista de educação, mas a organização da ação pedagógica intencional e comprometida com a formação dos futuros profissionais que atuarão na educação básica.

A aula vivida: "O movimento é o prelúdio de todo conhecimento..."

Da leitura dos dados levantados na observação das aulas da disciplina APM emergiram algumas categorias de análise que indicam a instituição de um processo de ensino inovador no âmbito da Faculdade de Educação Física. Esse processo visa à formação de um profissional da área com conhecimentos científicos e didático-pedagógicos que o habilitem a atuar em diferentes campos, com competência técnica e compromisso político para democratizar o acesso de um maior número de pessoas às práticas corporais e de lazer, com vistas ao desenvolvimento global do indivíduo, conforme especificado nas DCNs do curso (2004). As categorias que emergiram da leitura dos dados são: o conhecimento é construído na relação teoria e prática; movimento e afetividade se articulam na construção do conhecimento; os conteúdos são desenvolvidos na inter-relação com diferentes áreas do conhecimento. Essas categorias serão exploradas por meio das situações observadas nas aulas, considerando ainda informações obtidas na entrevista com o professor e no grupo de discussão realizado com os alunos.

As aulas da disciplina APM caracterizam-se pela intenção do docente de superar a formação de professores pautada na razão instrumental. A racionalidade instrumental, ao focalizar o "como fazer" em detrimento da compreensão de "o que fazer" e de "por que fazer", na visão de Contreras, "(...) supõe a aplicação de técnicas e procedimentos que se justificam por sua capacidade de conseguir os efeitos ou resultados desejados" (2002, p. 64) e caracteriza-se pela realização de práticas docentes desvinculadas da teoria e voltadas para o uso de técnicas e instrumentos. Consequentemente, o professor acaba por realizar ações mecânicas e repetitivas, produzindo sempre um mesmo resultado.

Com a perspectiva de uma formação crítico-reflexiva para o professor e de superação da divisão linear e mecânica entre o conhecimento técnico-científico e as práticas sociais que emergem na sala de aula de educação física, o professor Joaquim desenvolve "dispositivos pedagógicos" (Bernstein 1990), com o intuito de mobilizar ações capazes de criar novas possibilidades no tratamento do conhecimento em aula e de rever valores, conceitos e teorias por meio da reflexão epistemológica sobre o conhecimento científico que caracteriza a situação intelectual, no atual momento de transição paradigmática, analisado por Santos (2003). Os dispositivos pedagógicos, conforme Cortesão (2006), são reinventados em cada contexto educativo pelo professor para atender às necessidades decorrentes da heterogeneidade que hoje caracteriza os estudantes da educação superior. Eles são representativos de como o professor Joaquim e os estudantes pensam e agem diferentemente em relação à construção do conhecimento da área de educação física, instituindo um movimento de ressignificação do conhecimento de uma perspectiva crítica, como será possível acompanhar a seguir.

Durante uma aula sobre as teorias de Piaget e Vygotsky, o professor Joaquim propôs dialogar com os conhecimentos dos estudantes, o conhecimento científico e o corporal: "Vamos dialogar com os textos para mostrar a complexidade do movimento nas visões dos teóricos". Partindo desse diálogo, o docente realizou uma atividade com os alunos para mostrar a aplicação da teoria na prática e perguntou:

> Piaget fala das operações concretas e formais das crianças a partir dos 12 anos. Uma criança pequena conseguiria realizar a primeira atividade? Cada atividade humana tem uma história de intervenção cultural e uma criança de cinco anos é capaz de realizar a última brincadeira do toque simultâneo?[8]

> Estudante: Não. Essa prática é ainda muito complexa para as crianças dessa idade porque apresenta duas dimensões importantes – quando eu falo cotovelo, ombro e pé, isso faz parte da realidade delas. Agora, quando eu falo ombro e orelha direita, elas farão confusão na relação.

---

8. A atividade foi realizada com toda a turma dispersa na sala de aula. Ao comando do professor, os alunos andavam livremente e, ao ritmo de palmas, executavam os comandos feitos para tocar partes do corpo separada e/ou simultaneamente.

O professor realizou outra atividade com uma aluna, vedando seus olhos e jogando uma bolinha de papel ao chão. A aluna seguiu na direção da bolinha. O docente sinalizou para um aluno, pedindo que colocasse a bolinha em outra direção, sem que a aluna percebesse. E refletiu: "Os adultos representam o espaço na mente, as crianças também, mas elas têm limitações".

Estudante: Isso é Piaget porque numa determinada idade a criança imagina a partir de fatos concretos!

Estudante: Piaget fala da relação entre o cognitivo e o corporal.

Professor: Vygotsky também fala isso. Piaget fala do jogo e Vygotsky fala do brinquedo. Mas os dois têm diferenças fundamentais. Essas brincadeiras que fazemos são fundamentais para as crianças aprenderem, por exemplo, a matemática.

Estudante: Piaget fala da interação com o meio e Vygotsky decifra o meio. O cérebro não é nada sem intervenção. Todas as brincadeiras feitas com as crianças as preparam para princípios mais complexos. Brincar gera conhecimento.

Professor: As práticas corporais são o prelúdio de todo conhecimento. A nossa área tem as expressões corporais como conhecimento. As crianças precisam de espaço determinado, estruturado.

A articulação teoria e prática desenvolvida pelo professor Joaquim e seus alunos contribui para a formação de um profissional de educação física consciente e capaz de rever conceitos, teorias e práticas, a fim de atuar numa realidade complexa e multirreferencial como é a escola básica. Para isso, segundo Joaquim, "(...) é preciso perguntar ao professor por que ele realiza determinada prática. Ele tem uma teoria que fundamenta a prática dele (...)". Desenvolver os conteúdos teóricos relacionando-os à prática, além de contribuir para uma formação docente crítica e contextualizada, transforma a aula em um espaço de diálogo entre os saberes dos teóricos, pesquisadores e cientistas, e os saberes práticos dos sujeitos em formação. Como manifesta um estudante, essa perspectiva é um diferencial das aulas ministradas pelo professor Joaquim:

> As aulas do professor Joaquim são muito boas porque ele leva realmente a teoria para a prática. A gente já viu Vygotsky, Piaget, Wallon em várias matérias da educação, só que nunca tão direcionadas à prática. Eu nunca tinha pensado em tantas possibilidades de trabalho; ele consegue tirar da teoria e levar para a prática. (Jessé, APM)

O professor Joaquim compreende o conhecimento como uma construção social e sugere que a universidade repense a forma como ele tem sido historicamente tratado porque "(...) nela o conhecimento que foi construído na realidade é posto no quadro-negro. É um conhecimento sem vida, a teoria no quadro é muito fácil de discutir, quero ver na prática". O professor enseja uma preocupação com a ação docente para a transformação e nos encaminha para as reflexões de Vázquez (1977, p. 194) sobre a atividade prática como

> (...) a transformação real, objetiva do mundo natural ou social para satisfazer determinada necessidade humana (...). Sem essa ação real, objetiva sobre a realidade, que existe independentemente do sujeito prático, não se pode falar propriamente de *práxis* como atividade material consciente e objetivante.

O ensino que articula teoria e prática requer de seus protagonistas a tomada de consciência, a revisão de concepções, a definição de objetivos, a reflexão sobre as ações desenvolvidas, o estudo e a análise da realidade para a qual se pensam as atividades. Do docente, especificamente, exige a abertura para o diálogo e a disposição para repensar cotidianamente a organização da aula. Nesse enfoque, o professor ultrapassa o papel de simples tradutor de conhecimentos, perspectiva analisada por Bernstein (1990), e passa a produzir, conforme especifica Cortesão (2006), o conhecimento do tipo socioantropológico (sobre os alunos com quem trabalha) e o conhecimento para os alunos caracterizado pela recriação de métodos adequados ao processo educativo. Assim, a aula concebida pelo professor Joaquim como "(...) um espaço de construção e ao mesmo tempo de transmissão de um conhecimento importante do mundo que o homem acumulou historicamente e que precisa ser socializado" amplia-se, ao transformar-se num espaço de indagação, reflexão e crítica da atuação docente, e da organização e do funcionamento das instituições educativas, contribuindo para a formação de profissionais para intervir no processo educativo e social.

Na segunda categoria, o docente defende que o movimento, objeto da educação física, seja trabalhado de forma afetiva, respeitosa e ética. Para tanto, questiona as representações[9] que os estudantes têm da área, quase sempre focadas na competição e reforçadoras da constituição de práticas que privilegiam a seleção e a exclusão dos alunos no interior das escolas: "O significado atribuído à área está posto; então, cabe ao meio acadêmico, de uma perspectiva crítica, ressignificar esse significado e não reproduzir essa representação" (professor Joaquim). Durante as aulas foi possível apreender alguns diálogos, reflexões e práticas que vão ao encontro do que defende o professor. Ao referir-se ao "jogo das cadeiras", tão comum nas aulas de recreação e jogos, Joaquim refletiu sobre seu caráter excludente:

> Esse jogo exclui as crianças da mesma forma que o jogo que a Xuxa faz na televisão e acaba reproduzindo o que ocorre na sociedade. Por que não inverter o jogo, fazendo todos sentarem? Ao fazer isso, como educador eu inverto a lógica societária na atividade corporal e ressignifico a prática social no jogo; essa é a função da escola.

Em outra aula em que se discutiu o tema "Emoções: Entre o psíquico e o orgânico – Wallon", uma aluna inquiriu sobre como se dá a

---

9. O conceito de representação social tem suas raízes na sociologia e na antropologia. Da perspectiva psicossocial, "ela reflete sobre como os indivíduos, os grupos, os sujeitos sociais constroem seu conhecimento a partir da sua inscrição social, cultural etc., por um lado. Por outro, como a sociedade se dá a conhecer e constrói esse conhecimento com os indivíduos" (Arruda 2002, p. 128).

relação de reciprocidade entre emoção e movimento. O professor Joaquim convidou um estudante para ir à frente da sala e propôs um diálogo sem o uso da linguagem oral, usando apenas a linguagem corporal. O professor não se limitou a uma explicação teórica, mas extrapolou, mostrando o conceito em ação. Nessa atividade, Joaquim equilibrou as três dimensões do conhecimento – cognitiva, psicomotora e afetiva –, para mostrar como a comunicação por meio de movimentos expressivos é mais uma efusão afetiva do que comunicação. Ao utilizar gestos e expressões faciais, o indivíduo expressa sua emotividade e busca contato com os membros do grupo, sem a preocupação de que haja uma compreensão precisa do que pretende comunicar.

As dimensões cognitivas, afetivas e psicomotoras, embora distintas, foram trabalhadas de forma inseparável nas atividades propostas nas aulas de APM. Durante sua realização, houve o desenvolvimento psicomotor dos estudantes, mas também a vivência de sentimentos de medo, insegurança, alegria, sem prescindir da compreensão e da reflexão sobre a atividade e o conteúdo. Essa preocupação em articular as dimensões do conhecimento reveste-se de grande importância em um curso que forma o professor para mediar situações concretas em que estarão presentes movimentos e emoções como elementos que contribuem para o desenvolvimento das crianças, de acordo com a especificidade trabalhada pela disciplina. A perspectiva defendida por Piaget, um dos teóricos estudados no curso, fortalece a necessária presença da afetividade no trabalho educativo – "Certamente a afetividade ou sua privação podem ser a causa de aceleração ou atraso no desenvolvimento cognitivo (...)" (1973, p. 47) – e lança luzes para sua imprescindibilidade no desenvolvimento global do indivíduo em formação.

A capacidade do professor Joaquim para articular movimento e afetividade é favorecida pelas experiências da educação básica, como afirmou em um de seus depoimentos: "O que me sustentou muito aqui na UnB foi todo o conhecimento da escola básica, o conhecimento dos primeiros anos da minha vida". Na visão dos estudantes, a vivência do professor com a educação básica é também o diferencial das aulas:

A experiência que o professor Joaquim tem com a educação básica o leva a relacionar situações vivenciadas por nós com as vividas pelas crianças e ajuda bastante na aula. (Josiane, APM)

(...) quando se trabalha com criança, nunca se tem certeza do que vai acontecer. Então, temos que saber como levar a aula, elas te desafiam a toda hora. Isso faz a didática dele ser diferente e influencia na aula. (Jessé, APM)

Essa capacidade de articular movimento e afetividade, conforme analisa Freire (1996), expressa uma abertura ao outro, que faz com que o docente se comprometa com os estudantes, significando as ações em aula por meio da relação pedagógica que nesse espaço se estabeleceu. Nessa visão, conforme Freire, a prática educativa engloba "(...) afetividade, alegria, capacidade científica, domínio técnico a serviço da mudança (...)" (*ibidem*, p. 161). Essa perspectiva rompe com a educação tecnicista, que exige um educador para o exercício da tarefa de acomodação ao mundo. Em seu lugar, surge um educador formador, que vê a docência como uma especificidade humana que não pode ser entendida como uma experiência fria, desprovida de sentimentos e emoções, sonhos e desejos.

Ao reconhecer nas expressões corporais, no movimento e nas ações dos homens comuns os conhecimentos da área de educação física, o professor Joaquim dá oportunidade aos estudantes de ter contato com o objeto de sua profissão. Esse trabalho seria qualitativamente melhor se, concomitantemente à realização das atividades, houvesse uma sistematização mais efetiva por meio de textos e leituras que privilegiassem o estudo dos temas propostos. Embora as discussões fossem pautadas nas leituras feitas *a priori*, não foi percebida uma articulação entre as ideias apresentadas inicialmente pelos estudantes com base em suas práticas sociais, muitas vezes fundamentadas no senso comum, e as teorias estudadas, para a constituição de uma síntese pelos estudantes.

Outras dinâmicas poderiam ser introduzidas na aula, como o "estudo dirigido", realizado com a orientação do professor, visando provocar a identificação e a apropriação de dados, conhecimentos e informações, e a aplicação de conhecimentos às situações novas. Conforme Anastasiou e

Alves (2005, p. 84), o seu acompanhamento "(...) se dará pela produção que o estudante for construindo, na execução das atividades propostas, nas questões que formula ao professor, nas revisões que este lhe solicita, a partir do que vai se inserindo gradativamente nas atividades do grupo a que pertence". O estudo dos textos, com a produção escrita e comentada do estudante, favorece o desenvolvimento das habilidades de análise, compreensão, síntese e interpretação crítica (*ibidem*).

A terceira categoria, da inter-relação dos conteúdos da disciplina com outras áreas do conhecimento, mostra que o currículo se justifica na prática, nas experiências reais que os estudantes trazem para o contexto de aula. É possível que essa inter-relação enfraqueça os limites entre as áreas e as disciplinas do curso e favoreça a compreensão da educação física articulada a outras áreas, o que, conforme Cunha e Leite (1996, p. 21), "(...) significa que o fato de uma disciplina usar conhecimentos de outra provoca uma inter-relação intelectual indispensável à compreensão do mundo e da sociedade". Embora não se possa afirmar que o professor Joaquim trabalhe os conhecimentos ultrapassando os limites das disciplinas – uma das características do currículo integrado, segundo Bernstein (1977) –, ele sem dúvida possibilita uma relação aberta entre os conteúdos, podendo haver diferentes graus de integração, sendo os conteúdos subordinados a uma ideia central em permanente mudança. Foram, de fato, percebidos avanços nesse sentido.

Ao inter-relacionar os conteúdos com outras áreas, o docente assume uma nova atitude diante do conhecimento, de abertura ao diálogo com a psicologia, a didática, a matemática. Uma atividade que ilustra essa experiência foi realizada pelo professor ao propor uma "brincadeira" com a matemática envolvendo o corpo e linhas imaginárias no chão. Ao concluí-la, refletiu com os estudantes: "A partir desta atividade podemos trabalhar perímetro, área, altura. (...). Eu ensino matemática a partir do concreto, isso é uma coisa interessante. Entenderam a lógica do conhecimento?". E continuou explorando a atividade com questões e reflexões em torno da matemática.

Essas atividades e reflexões contribuem na construção de uma rede conceitual pelos estudantes, na qual se incorporam os conteúdos necessários para o exercício da profissão, relacionados ao contexto sócio-histórico. A percepção dos estudantes sobre esse processo é elucidativa da significância da inter-relação dos conhecimentos das diferentes áreas:

> Ele trata de forma abrangente os aspectos científicos, psicológicos, biológicos, mentais, emocionais, didáticos, pedagógicos das diferentes áreas do conhecimento e a gente associa à nossa prática e necessidade. (Jader, APM)

> (...) estamos discutindo o currículo novo da educação física, e relacionar os conhecimentos é importante. Aprendemos uma matéria aqui, outra ali, e não aprendemos a relacionar tudo isso. Na aula, o Joaquim não se restringe ao campo dele e eu acho isso muito importante. (Janine, APM)

Finalizando, tomo aqui a fala de uma estudante que define bem as relações que o professor Joaquim estabelece na aula: "O professor Joaquim faz as relações e são poucos professores que buscam isso, porque exige mais do professor (...). Eu acho que é uma aula de poucos professores" (Júlia, APM). Nesse depoimento, a estudante destaca a influência das características pessoais, discutidas no início desta análise, na forma como o professor exerce a docência e, consequentemente, na organização didática da aula como viabilizadora das relações que a fundamentam e a ela dão vida – ou seja, as relações professor-aluno, conteúdo-forma, teoria-prática, corpo-mente –, reforçando o pressuposto de que a aula é, de fato, um espaço-tempo de relações e interações, transformado pelo professor e pelos alunos em lugar de formação do professor da educação física, no sentido expresso por Cunha (2008) de que são as pessoas que significam o espaço da sala de aula, com base em suas representações subjetivas e nos sentidos culturais que atribuem a essa dimensão física e espacial, e que fazem com que ela transcenda.

Aula de educação matemática 1:[10] *Diferentes caminhos de aprendizagem*

O curso: Licenciatura em pedagogia

O curso de pedagogia ofertado pela Faculdade de Educação da Universidade de Brasília destina-se à formação de profissionais para o magistério de educação infantil e início de escolarização, e para a gestão do trabalho pedagógico em espaços escolares e não escolares. O atual projeto acadêmico do curso é resultante de discussão que envolveu toda a comunidade acadêmica da faculdade, no bojo dos debates em torno das Diretrizes Curriculares do Curso (CNE/CP, n. 1, de 15 de maio de 2006), em âmbito nacional. No curso, a formação acadêmica dos estudantes compreende a relação entre ensino, pesquisa e extensão, com a construção teórica e prática dos conhecimentos no campo educativo, articulando conhecimentos sociológicos, políticos, antropológicos, ecológicos, psicológicos, filosóficos, artísticos, culturais e históricos em consonância com as DCNs (2006), que apontam a docência como:

> Ação educativa e processo pedagógico metódico e intencional, construído em relações sociais, étnico-raciais e produtivas, as quais influenciam conceitos, princípios e objetivos da Pedagogia, desenvolvendo-se na articulação entre conhecimentos científicos e culturais, valores éticos e estéticos inerentes a processos de aprendizagem, de socialização e de construção do conhecimento, no âmbito do diálogo entre diferentes visões de mundo. (*Ibidem*)

Com base nessa concepção de docência, as DCNs indicam as exigências formativas do egresso do curso de pedagogia, com destaque

---

10. A disciplina educação matemática 1, de quatro créditos, é oferecida no 4º semestre do curso de pedagogia, em caráter obrigatório, com carga horária semanal de quatro horas-aula. As aulas foram desenvolvidas às segundas e quartas-feiras, no horário das 8 às 10 horas, no segundo semestre de 2008.

para: a) trabalhar em espaços escolares e não escolares na promoção da aprendizagem de sujeitos em diferentes fases do desenvolvimento humano, em diversos níveis e modalidades do processo educativo; b) identificar problemas socioculturais e educacionais com postura investigativa, integrativa e propositiva em face de realidades complexas, no sentido de contribuir para a superação de exclusões sociais, étnicoraciais, econômicas, culturais, religiosas, políticas e outras; c) participar da gestão das instituições contribuindo para a elaboração, a implementação, a coordenação, o acompanhamento e a avaliação do projeto pedagógico; d) realizar pesquisas sobre os estudantes e a realidade sociocultural em que estes desenvolvem suas experiências não escolares.

Esse perfil indica a necessidade de uma formação ampla e interdisciplinar, com organização didática da aula e tempo-espaço privilegiado de formação, ambos favorecedores do desenvolvimento das relações: teoria-prática, conteúdo-forma, ensino-pesquisa, professoraluno; uma formação que prepare um profissional da educação com competência técnica, compromisso político e ampla compreensão da realidade educacional, para nela intervir e a ela transformar.

Plano de ensino: O proposto

A leitura do plano da disciplina educação matemática 1 aponta para uma proposta que privilegia, na formação do pedagogo, a articulação teoria-prática, conteúdo-forma e ensino-pesquisa.

O objetivo geral focaliza o desenvolvimento da visão crítica da educação matemática no Brasil, a atuação profissional que pressupõe a relação teoria e prática e a construção de uma representação positiva da matemática do futuro professor. Os objetivos específicos evidenciam uma preocupação do docente em instrumentalizar os graduandos para o exercício da docência nos anos iniciais do ensino fundamental, com o conhecimento das realidades dos alunos desse nível de ensino. Para isso, focalizam as bases teóricas da matemática e os fundamentos nos campos da didática da matemática, da psicologia cognitiva, das ciências da educação, da antropologia etc. Contemplam ainda a preocupação com a formação do professor com competências para planejar a ação pedagógica, desenvolver metodologias de ensino, posicionar-se crítica e competentemente em relação à utilização dos meios de ensino e de aprendizagem, e para desenvolver e aplicar um sistema de avaliação desse processo – uma formação teórica e prática ampla e contextualizada, em consonância com as Diretrizes Curriculares Nacionais do curso de pedagogia.

Os conteúdos são divididos em 15 semanas, tempo de duração do curso, e articulam-se aos objetivos de ensino, ao enfatizarem a relação teoria e prática na formação do professor, sendo abordados de acordo com os preceitos fundados nas teorias construtivistas.

A metodologia expressa a importância que o professor atribui à inserção dos estudantes no cotidiano da escola básica, por meio da associação entre teoria e prática, como forma de fomentar reflexões, leituras e discussões teóricas. Parte-se de situações reais e concretas da escola, para, à luz da teoria, compreendê-las no sentido de construção de uma representação positiva da matemática pelo futuro professor. Para isso, o professor define duas relações básicas: a) a teoria-prática, com o objetivo de discutir, vivenciar e refletir sobre as teorias que subsidiam a educação matemática, partindo das experiências dos alunos, de suas leituras e posições críticas, e fazendo vínculos com a realidade; b) a prático-teórica, que é viabilizada com a realização do projeto experimental do "ser matemático",[11] que é desenvolvido por cada aluno e orientado pelo professor. Nele, parte-se de uma realidade concreta, que é compreendida, interpretada e transformada por meio das pesquisas, das leituras e das discussões teóricas, para apoiar o desenvolvimento do "ser matemático".

Na avaliação, o professor não explicita claramente a concepção que adota. No entanto, os procedimentos avaliativos propostos sinalizam

---

11. No início do curso, com orientação do professor, cada aluno elabora um projeto experimental relacionado à educação matemática (atendimento a um "ser matemático", criança, jovem ou adulto, para mediar sua aprendizagem em no mínimo oito aulas). O projeto será mais detalhado adiante.

uma perspectiva de avaliação formativa que considera o desempenho dos alunos no processo: participação dos estudantes com leituras, discussões e ação sobre o processo; elaboração e desenvolvimento de um projeto individual de atendimento a um "ser matemático"; realização de um dossiê, instrumento elaborado pelos estudantes que retrata todo o processo de aprendizagem por meio de registros de atividades de cada aula seguidos de reflexões; autoavaliação e criação, validação, confecção e divulgação de um jogo envolvendo conteúdo matemático tratado ao longo do curso. Esses procedimentos se articulam aos objetivos e conteúdos e caracterizam a avaliação processual sugerida na disciplina, com base na concepção do docente de que "(...) enquanto se avalia, se aprende e, enquanto se aprende, se avalia" (professor Crisóstomo). Outro aspecto relevante concernente à avaliação refere-se ao fato de o professor atribuir o mesmo valor a todas as atividades, não estabelecendo uma hierarquia em relação aos procedimentos. Todos são considerados igualmente; isso implica a valorização de todas as situações didático-pedagógicas como possibilidades de aprendizagem e uma concepção de avaliação como processo.

A bibliografia apresenta obras de autores estrangeiros e nacionais, não sugerindo fontes eletrônicas e relatórios de pesquisa. O professor destaca obras fortemente recomendadas, voltadas aos objetivos do curso. As temáticas privilegiadas são: educação matemática, didática da matemática, psicologia cognitiva e história da matemática, num total de 53 obras. Embora extenso e diverso, o repertório teórico subsidia a proposta metodológica apresentada em articulação com os objetivos e conteúdos propostos e é considerado pelos estudantes como "alimento" para a provocação das aulas:

> O professor passa uma bibliografia e a provocação nas aulas é tão grande que sentimos a necessidade de ir atrás dos livros, é uma coisa assim – "espera aí que eu quero saber mais". (Carmem, educação matemática 1)
>
> (...) quem procura a bibliografia é por interesse, ao contrário do professor que apresenta uma imensa bibliografia que você tem que

ler e fazer resenha ou resumo de cada texto e não se aprende nada.
(Cândida, educação matemática 1)

Resumir um texto pressupõe operações mentais complexas, como identificação, interpretação, análise, organização de dados e informações e capacidade de síntese, o que requer a orientação e o acompanhamento por parte do professor de todo esse processo, sob o risco de se transformar em uma estratégia esvaziada de sentido pedagógico (Anastasiou e Alves 2005).

A análise do plano de ensino de educação matemática 1 revela uma "pedagogia visível" evidenciada pela seleção dos conteúdos – sequência/ compassamento – na regulação de sua transmissão e nas normas e nos critérios de avaliação explícitos (Bernstein 1990). No entanto, este foi apresentado aos estudantes e com eles discutido no início do curso, sendo constantemente revisto no desenvolvimento das aulas com base em seus conhecimentos, experiências e nas avaliações do processo, sinalizando a possibilidade de uma "pedagogia invisível".

O cenário: Da ludoteca ao jardim

As aulas foram observadas numa sala localizada na Faculdade de Educação – FE 1, denominada ludoteca. Tratava-se de uma sala com carteiras individuais, preparada para atender às dinâmicas das aulas de educação matemática, que envolviam jogos e atividades com manuseio de materiais concretos. O uso de carteiras maiores dificultava a circulação dos alunos e do professor, embora criasse uma proximidade maior entre eles. O cômodo dispunha de prateleiras ao fundo e de uma mesa para o professor. A sala era iluminada com luz artificial; a ventilação, precária em virtude de sua localização no subsolo, era realizada por ventiladores de parede.

Houve também a observação de aula em espaço não convencional para o ensino da matemática: o jardim gramado, localizado ao lado do prédio da FE. A aula ocorreu no mês de setembro, numa manhã ensolarada, sobre o gramado, embalada pelo canto dos pássaros que brincavam nas árvores floridas, no prenúncio da primavera.

As aulas, realizadas em espaço convencional ou não convencional, como as observadas, mostram como professor e alunos podem transformar um espaço arquitetônico e natural em espaço pedagógico, na direção do que analisa Veiga, para quem: "(...) a organização espacial da aula não pode estar desligada das características reais dos alunos nem da metodologia e dos recursos didáticos selecionados em razão do processo de construção de conhecimentos e em direção aos objetivos propostos" (2008, p. 289). O espaço físico transformou-se em espaço pedagógico e ganhou vida com as ações, relações e interações entre professor-aluno-conhecimento, que se deram nas aulas de educação matemática 1.

A docência: "Caminho traçado, escolha desejada..."

A opção pela docência surgiu na vida do professor Crisóstomo vinculada ao gosto que nutria pela matemática desde a infância. Ao adentrar a universidade pública como estudante, movido pela necessidade de independência financeira, começou a lecionar e, conforme explicita, foi "(...) tomando consciência de que era por aí o meu caminho e traçando o meu perfil profissional". A docência como profissão, para o professor Crisóstomo, parece ter sido uma opção influenciada pelo que Pérez Gómez (1998) denomina "cultura experiencial", expressa pela forma como as experiências vivenciadas pelo sujeito nos percursos de vida familiar, escolar e social imprimem significados e interferem em suas ações e em seus comportamentos. Na mesma direção, Tardif (2002), ao analisar os saberes que estão na base da profissão docente, afirma que são plurais, compósitos e heterogêneos, provenientes de fontes e processos diferenciados. As experiências positivas do professor com a matemática, aliadas ao incentivo familiar, podem estar na gênese de seu interesse em seguir o magistério como professor de matemática, área que possui um significativo *deficit* de docentes em todos os níveis de ensino, em decorrência da representação social predominante de que a matemática é uma ciência difícil, acessível a poucos.

O professor Crisóstomo iniciou a carreira do magistério atuando na educação básica, no início da década de 1980. Os campos de atuação profissional eram distintos no sentido geográfico e social: o Colégio Militar de Brasília e uma escola da rede pública de ensino do Distrito Federal (DF), localizada na cidade de Ceilândia.

As experiências na educação básica em diferentes contextos socioeducativos deram-lhe uma visão ampla da realidade educacional do DF e contribuíram para sua atuação como docente na universidade, com uma formação construída com base em diferentes saberes pedagógicos analisados por Tardif (2002): os saberes disciplinares, específicos da área de atuação profissional; os saberes curriculares e os saberes da experiência que são construídos pela prática, pela reflexão, na relação com os pares no contexto concreto de trabalho, e que tornam possível a realização de um projeto de educação matemática como emancipação, em que "(...) o saber não existe separado das práticas que o confirmam" (Santos 1996, p. 18). Esse projeto tem a sala de aula e a escola básica como campos de possibilidades de conhecimento, cujas opções se assentam nos conteúdos curriculares, mas também nos sentimentos, nas emoções e na afetividade.

Na universidade, a docência para o professor foi reafirmada como uma escolha planejada e intencional, que o levou a investir na carreira docente com a realização de estudos de mestrado e doutorado. As experiências que contribuíram para sua constituição docente denotam que, nesse processo, as dimensões pessoal e o profissional são inseparáveis, o que indica a necessidade de os pesquisadores, ao analisarem o ensino no contexto da sala de aula, não tirarem o foco do professor como pessoa. A ação pedagógica do professor é influenciada não somente por suas trajetórias de vida profissional, mas também por suas trajetórias de vida pessoal; a identidade profissional é, assim, construída num processo complexo de apropriação do sentido de sua história pessoal e profissional, na perspectiva analisada por Nóvoa (2007).

Com base nessas influências, a docência é caracterizada pelo professor Crisóstomo "(...) como uma atividade de relações e interações humanas que contribui para a formação de pessoas para atuarem com outras pessoas na construção de conhecimentos", na direção do que concebem Tardif e Lessard: "(...) é trabalhar com seres humanos, sobre seres humanos, para seres humanos, uma atividade em que o trabalhador se dedica ao seu 'objeto' de trabalho, que é justamente um outro ser humano, no modo fundamental da interação" (2005, p. 31). É a docência que não prescinde dos conhecimentos científicos e pedagógicos necessários para o exercício de ensinar, mas que se caracteriza fortemente pela dimensão humana, porque se concretiza por meio de uma relação fundamental: a relação professor e alunos, em contextos diferenciados e complexos, como a sala de aula. É essa docência, segundo o professor Crisóstomo, que possibilita "(...) entender o outro na posição do outro, significa negar-se, superar o narcisismo pedagógico. Para ter o pleno desenvolvimento pedagógico, o professor precisa repensar o seu egocentrismo porque, na sala de aula, é preciso entender 40 alunos". Docência que se articula com a pesquisa em diferentes e significativos campos e que constitui um importante espaço formativo para o professor e os alunos.

Crisóstomo considera que o aporte teórico-metodológico e epistemológico que traz para as aulas é alimentado pelo trabalho de pesquisa que desenvolve: "Eu não sei se poderia estar dentro da universidade sem fazer pesquisa. O que diria aos meus alunos?". A pesquisa torna possível a associação entre as teorias e as práticas nas aulas de educação matemática, e esse processo se dá em parceria com a escola pública, abrindo espaços para que os estudantes do curso de pedagogia se iniciem na pesquisa e na extensão como possibilidade de gerar quadros. "Hoje estou aqui e amanhã, onde estarei? Quem vai ficar?" (professor Crisóstomo). A pesquisa, conforme explicita o professor, sustenta-se em três vertentes: a primeira se dá no ensino da disciplina educação matemática, com a adoção pelos estudantes do "ser matemático", uma primeira incursão que, segundo Crisóstomo, "(...) permite aos alunos, ao longo do semestre, estarem com o pé na práxis pedagógica". A segunda vertente refere-se ao trabalho que ele desenvolve com alunos de iniciação científica, e a terceira vincula-se à pesquisa que o professor realiza na escola pública. Nesta, Crisóstomo insere os alunos no cotidiano da escola básica, o que representa um ganho para estudantes e comunidade escolar. A escola ganha pelo fato de a pesquisa ter caráter contributivo, colaborativo e de assessoramento aos professores no ensino da matemática, e os estudantes ganham pelo contato, desde a formação inicial, com a realidade escolar e as problemáticas que permeiam esse universo num processo de articulação da teoria à prática.

Essa perspectiva repercute na qualidade da formação do pedagogo, permitindo-lhe uma compreensão mais ampla da realidade na qual atuará. A escola básica deixa de ser um contexto imaginário e passa a ser vivenciada no dia a dia observado, analisado, compreendido, com o objetivo de buscar formas de intervenção que impliquem uma educação matemática emancipatória, articulada à vida das pessoas.

Por essa perspectiva, a aula é concebida pelo professor Crisóstomo "(...) como um espaço acadêmico, espaço de encontro, onde cada um vai poder trazer o seu saber e sair afetado. Está presente a questão da afetividade, afetado de ganho no sentido do desenvolvimento pessoal, humano, profissional e político". O ganho representa a formação pautada na apropriação dos conhecimentos científicos, didático-pedagógicos, mas também éticos, estéticos, filosóficos, sociológicos, e que possibilitam ao professor inserir-se na realidade educativa, contribuindo para sua transformação, conforme propõem as Diretrizes Curriculares Nacionais do curso de pedagogia.

A aula concebida: "Eu levo a proposta e cada um vem com suas contribuições..."

Durante a entrevista, o professor Crisóstomo, ao falar sobre como as aulas de educação matemática 1 são preparadas, enfatizou: "Eu não tenho a aula pronta, eu tenho a proposta. Eu levo a proposta e cada um vem com suas contribuições e juntos vamos construindo (...) Na perspectiva epistemológica da organização do trabalho pedagógico, a aula é um movimento de mão dupla". Essa perspectiva, conforme Villas Boas e Soares, "(...) requer o entendimento de que o trabalho pedagógico pertence ao professor e aos alunos, não cabendo ao primeiro referir-se 'à minha aula', 'à minha disciplina', 'à minha prova' etc., excluindo a responsabilidade dos alunos" (2002, p. 203). É um trabalho cujas tarefas são compartilhadas entre o professor e os estudantes, contribuindo para criar o sentido de pertencimento desses sujeitos ao que está sendo construído na sala de aula. Veiga denomina essa forma de organização efetivada de maneira cooperativa pelos protagonistas da aula como "projeto colaborativo" que articula as "(...) dimensões do processo didático – ensinar, aprender, pesquisar e avaliar –, preparado e organizado pelo professor e seus alunos" (2008, p. 267). Dimensões presentes nas aulas de educação matemática 1 e que serão mais bem compreendidas ao adentrarmos a sala de aula.

No planejamento das aulas de educação matemática 1, o professor Crisóstomo toma como base o conhecimento sobre a formação necessária ao estudante do curso de pedagogia em termos de educação matemática: conhecimento pedagógico e conhecimento curricular. No entanto, esse é apenas o ponto de partida: "Eu tenho que ter a sensibilidade para ver do que eles precisam e a partir daí eu tenho que replanejar e me reconstituir como professor". A condição de replanejar o trabalho e reconstituir-se como professor é facilitada pelo vínculo com a escola básica, espaço que apresenta uma dinâmica diferente, que exige de quem dela participa a clareza de que repensar o fazer faz parte da rotina: "Cada dia é um dia diferente. Então, como pesquisador dentro da escola, eu tenho que me pautar pelo permanente replanejamento" (professor Crisóstomo). No entanto, o professor não abre mão "(...) de um vetor que mostra a direção a ser seguida", sem, contudo, predefinir exatamente o que vai fazer a cada aula. Esse aspecto retoma a discussão sobre o rigor analisado por Shor e Freire (1986), numa sala de aula democrática e dialógica, influenciado pela posição político-pedagógica do docente, no sentido de garantir a coerência entre os discursos e as práticas ditas e vivenciadas nos cursos de formação de professores.

No desenvolvimento da aula, o professor Crisóstomo declara privilegiar uma exposição oral, com auxílio do retroprojetor ou de esquemas no quadro-branco, chamada por ele de "pano de fundo teórico". Segundo Crisóstomo, "(...) o espaço da aula tem que ser nutrido por alguns conhecimentos. Eu parto do senso comum, mas não posso ficar nele". O professor parte dos conhecimentos do senso comum dos alunos, procurando transformá-los por meio de uma configuração cognitiva entre o senso comum e a ciência, dando lugar a um conhecimento mais amplo e esclarecido (Santos 1989). Em seguida são propostas atividades individuais ou em grupo e uma articulação teórico-prática ressignificada pelas experiências que as atividades desenvolvidas com o auxílio de materiais concretos e jogos possibilitam. Durante as "experiências", o professor passa pelos grupos observando os estudantes e instigando-os com perguntas que os conduzem a pensar sobre o que estão fazendo, a estabelecer relações e a levantar dúvidas, na perspectiva de que "(...) o papel do professor não é só dar respostas, é provocar para obter uma reação do estudante" (professor Crisóstomo). Ao término da aula, ocorre sempre a organização da aula seguinte, com a definição dos materiais que serão usados e dos objetivos e conteúdos que serão trabalhados. A organização didática é orientada para as aprendizagens com uma sequência que não é linear e técnica, mas discutida e construtiva.

A avaliação das aulas ocorre com base nas necessidades apontadas e nas questões surgidas em seu transcurso, por meio de conversas, discussões e pela exposição das dúvidas dos estudantes: "Conforme eles vão se colocando, eu vou utilizando isso para avaliar a construção que está sendo feita e a partir daí replanejar o que precisa e o que a gente pode fazer para a frente" (professor Crisóstomo). Nessa perspectiva, essa avaliação constitui um movimento cíclico que retroalimenta as práticas em aula, e as novas práticas levam a uma nova avaliação, sendo a interação entre professor e alunos fulcral, "(...) estabelecendo pontes entre o que se considera ser importante aprender e o complexo mundo dos alunos (por exemplo, o que eles são, o que sabem, como pensam, como aprendem, o que sentem e como sentem)" (Fernandes 2008, p. 356). Dessa forma, o retorno que a avaliação oferece é importante para regular e controlar os processos de ensino e de aprendizagem pautados na cultura de que todos podem aprender e ensinar.

O planejamento concebido pelo professor Crisóstomo caracteriza-se pelo forte encadeamento das atividades, pela intencionalidade e pela organização das ações propostas, com vistas ao alcance dos objetivos que são sempre compartilhados com os discentes e nos convidam a adentrar a sala de aula para compreender como a aula concebida ganha vida por meio das relações e das interações que nesse espaço se concretizam.

A aula vivida: "Não há espaço para respostas únicas, é o lugar da pluralidade..."

"A matemática é construção do sujeito." Essa frase proferida pelo professor Crisóstomo expressa o que foi observado nas aulas de educação matemática 1, no segundo semestre de 2008, na FE-UnB. O professor recorre a "dispositivo de diferenciação pedagógica" (Bernstein 1990), como o uso de jogos na construção do conhecimento matemático, como fonte de reflexões sobre esse campo, associando teoria e prática, e transforma a aula no "(...) lugar da pluralidade por considerar as experiências do professor e dos alunos" (professor Crisóstomo). Aula que, conforme uma estudante, "(...) é provocadora! Todo mundo é provocado e o professor aceita as diferentes resoluções de cada aluno e por diferentes caminhos vamos construindo os conceitos matemáticos" (Cremilda, educação matemática 1). A provocação referida pela estudante é assumida por Crisóstomo como "(...) uma ação que é física, emocional, cognitiva e social e que requer do professor a condição de oportunizar situações que levarão o sujeito a uma ação no sentido de construir conhecimentos". Essa concepção justifica a opção teórico-metodológica adotada por ele no desenvolvimento dos conteúdos da disciplina por meio de jogos associados à afetividade, ao acolhimento e à solidariedade, favorecendo a ação dos alunos sobre os objetos e a construção do conhecimento matemático. A construção ocorre com base na consideração de que o indivíduo em formação é um ser global e multirreferencial e requer do professor uma ampliação da visão em relação aos processos de ensinar e aprender.

O jogo esteve presente em todas as aulas observadas; por constituir um elemento cultural característico da fase infantil e juvenil, ele proporciona o tratamento das probabilidades em relação aos conteúdos da matemática, num contexto de relações sociais. Sua utilização na aula pode contribuir para a construção de uma imagem positiva da matemática pelo futuro professor e para transformar a forma como o conhecimento matemático tem sido estudado nos cursos de formação:

> O matemático quer ser o melhor, quer resolver o teorema que pode até levar o seu nome, tem toda essa questão de brio, de nome, de valor. A gente já nasce no convívio com a matemática, o natural seria que todos se dessem bem com ela e não que se tornasse um entrave na nossa vida. (Carmem, educação matemática 1)

> Na licenciatura em matemática não existe o humano, lá é só cálculo e as pessoas não se comunicam, não existe espaço para o diálogo, para as trocas. (Carla, educação matemática 1)

Pode ter sido por causa desses aspectos que o professor Crisóstomo se referiu à necessária superação do "narcisismo pedagógico" por parte do professor, com a adoção de uma humildade epistemológica que o faça compreender que não há um único tipo e uma única forma de conhecimento, porque, conforme Santos, "(...) todo conhecimento é uma prática social de conhecimento" (1996, p. 17). O conhecimento só é reconhecido como tal na medida em que é construído e mobilizado por um grupo social atuante, em um campo social em que atuam outros grupos. Os conflitos sociais que nesse campo emergem são tidos como "conhecimentos do conhecimento" (*ibidem*), e a construção de um projeto educativo emancipatório só é possível no conflito entre diversos conhecimentos.

A discussão suscitada pelas estudantes pode ainda caracterizar a luta concorrencial pela autoridade científica, a competitividade, a disputa e o valor atribuído às descobertas da área matemática, componentes que, conforme Bourdieu (2003), representam investimentos orientados para potencializar o lucro científico e para a obtenção de reconhecimento dos pares concorrentes. Nas ciências exatas, esse fenômeno é maximizado e pode interferir na democratização do acesso aos conhecimentos da área. Particularmente na área da matemática, interessa aos matemáticos que ela seja percebida como uma disciplina difícil, inacessível. "Só é inteligente quem sabe matemática. Os profissionais não conseguem utilizar as ferramentas da matemática: calculadoras, cálculos (...), isso representa uma perda social" (professor Crisóstomo). Nesse sentido, o grau de competição entre os profissionais de uma determinada área, como analisam Cunha e Leite, "(...) está diretamente ligado ao 'status' social do curso, à 'valia' do conhecimento que está sendo distribuído e às formas de controle social que se faz sobre eles" (1996, p. 60).

Na contramão desse movimento, em uma das aulas observadas, cujo tema foi: "Jogo e educação: A utilização do jogo para a apropriação de operações que favorecem a atividade matemática", o professor Crisóstomo expôs o conteúdo teórico com o auxílio de um esquema no quadro-branco, denominado por ele de "pano de fundo teórico". Em seguida, dirigiu-se ao gramado de um jardim, ao lado do prédio da faculdade, para realizar alguns jogos que tornaram possível a aplicação da teoria estudada na sala de aula. Foram utilizados cartazes com números e pratinhos descartáveis de papelão com bolinhas coloridas, ilustrando as quantidades de zero a dez. Durante a realização dos jogos, surgiram inúmeros comentários, situações e reflexões que levaram o professor e os alunos a articular o conteúdo teórico com as práticas vivenciadas, sempre enfatizando a afetividade como uma de suas dimensões-chave, bem como os desafios cognitivos promovidos por eles.

Ao utilizarem os jogos na aula, os estudantes manifestaram sentimentos e valores de cooperação e convivência coletiva, aspectos relevantes numa sociedade em que reinam o individualismo e a competitividade – esta última quase sempre estimulada no interior da escola capitalista –, ligados de forma legítima às estruturas de poder. Em um dos jogos, o professor solicitou que os alunos se abraçassem formando agrupamentos de quatro pessoas. Um aluno ficou sem grupo. O professor aproveitou a oportunidade para explorar a afetividade, a emoção, a liberdade e a alegria como questões presentes no jogo e que transformam as relações entre as pessoas no contexto da escola. Ao transformarem as relações entre as pessoas, transformam a relação destas com o conhecimento, tornando possível a vivência da história como tempo de possibilidade e não de determinação daquilo que é imposto pelo poder e pelo conhecimento hegemônico da ciência moderna, conforme Freire (1998).

No retorno à sala de aula, os alunos uniram-se em duplas para criar as regras dos jogos vivenciados no gramado do jardim e uma regra específica para um dos jogos selecionados pela dupla, buscando articular teoria e prática. Os depoimentos das estudantes são ilustrativos do significado pedagógico das atividades:

> Eu adorei aquela aula; para mim foi a melhor e a mais simples de todas e com menos recursos. Fomos para debaixo das árvores e realizamos uma atividade lúdica tão interessante e provocadora. (Cremilda, educação matemática 1)

> (...) fico boba quando vejo uma aula em que o professor joga pratinhos descartáveis pelo chão e nos desafia a trabalhar e, de repente, percebemos que uma coisa simples pode despertar coisas interessantes! (Cleide, educação matemática 1)

O uso pedagógico dos jogos possibilita a apropriação dos conhecimentos espontâneos e científicos, constituídos nas elaborações e resoluções de situações-problema, e sua utilização não se restringe a instrumento metodológico. Na análise de Muniz, "é um dos espaços socioculturais que favorecem o cenário onde se desenvolve a trama entre o conhecimento cotidiano e o conhecimento escolar ligados à matemática" (2002, p. 101). Caracteriza-se, portanto, como uma prática pedagógica inovadora, que cria um campo epistemológico em que o modelo da aplicação técnica da ciência é confrontado com um modelo alternativo da aplicação edificante da ciência, que, conforme Santos (1996), ao transformar os saberes científicos, transforma também os saberes locais, transformando o sujeito epistêmico, o ser cientista e o ser técnico.

A articulação dos conteúdos teóricos à prática como fonte de reflexões, leituras e discussões no campo da educação matemática foi também percebida nas aulas de educação matemática 1, sugerindo uma indissociabilidade e configurando-se como uma segunda categoria presente nas aulas. Ao falar de indissociabilidade, é preciso considerar sua indivisibilidade, o que pressupõe que aconteça de modo integral no processo pedagógico construído pelo docente e pelos alunos, repercutindo numa formação docente vinculada à realidade educativa concreta.

Em geral, na formação de professores, numa perspectiva conservadora, a teoria é sobreposta à prática, que ocorre de forma desarticulada e justaposta na apropriação do conhecimento, refletindo numa formação cujo espaço educativo é concebido e vivido do ponto de vista do imaginário, sem estabelecer vínculos entre a teoria estudada e a realidade concreta da escola e da sala de aula. A análise de Vázquez quanto a essa perspectiva indica que, "(...) enquanto a teoria permanece em seu estado puramente teórico, não se transita dela à práxis e, portanto, esta é de certa forma negada" (1977, p. 239), gerando uma contraposição que não produz mudança real no espaço em que o profissional vai atuar.

A formação vivenciada nas aulas de educação matemática 1 pautou-se por outra perspectiva, a da associação da teoria e da prática, o que, conforme explicita uma estudante, fez com que a disciplina se transformasse na "(...) prática que falta no curso de pedagogia, porque ficamos na teoria, teoria, teoria, e quando partimos para a prática, percebemos que não sabemos nada. Fica uma coisa muito vaga estudar teoria, teoria, teoria (...)" (Carla, educação matemática 1).

Uma das experiências mais significativas observadas nas aulas, e que permitiu a articulação entre teoria e prática, foi vivenciada com a execução do projeto de adoção pelos estudantes de um "ser matemático". No projeto, cada aluno identificou as dificuldades matemáticas de uma pessoa – criança, jovem ou adulto. Esse "ser" seria acompanhado durante pelo menos oito encontros do estudante com o sujeito escolhido, com intervenções didáticas que possibilitassem o desenvolvimento de conhecimentos matemáticos. O projeto, ligado aos interesses dos alunos e fundamentado nos referenciais teórico-metodológicos tratados nas aulas, forneceu aos estudantes situações-problema reais que alimentaram as aulas teóricas e práticas. Os temas, os sujeitos, as metodologias e os cronogramas do projeto foram negociados com o professor, considerando as características de cada projeto individual e sua concepção, seu desenvolvimento e sua avaliação.

A aula, com o desenvolvimento do projeto, como manifestou o docente, "(...) transformou-se em um campo de investigação" em que os estudantes passaram a vivenciar um processo de aprendizagem com a apropriação teórica necessária e sua aplicação em uma situação real. Esse processo era registrado pelos estudantes em relatórios lidos, acompanhados e orientados pelo docente, com sugestões de literaturas específicas para cada caso, conforme o depoimento da estudante: "No projeto de adotar o 'ser matemático', você tem que escrever, tem que ir além e ajudar as crianças. Você precisa buscar a teoria para entender como o estudante está se desenvolvendo; para justificar aquela ação, tem que ir atrás da teoria" (Carmem, educação matemática 1). É também Vázquez que nos diz que "(...) não basta desenvolver uma atividade teórica, é preciso atuar praticamente" (1977, p. 239). A teoria buscada pelos estudantes para o desenvolvimento do projeto não tem um caráter absoluto, no sentido de apenas pensar sobre a realidade estudada em si, de maneira abstrata, mas visa transformar o que foi idealizado, tendo sempre a prática como referente.

Os estudantes manifestaram-se favoráveis ao desenvolvimento do projeto e à forma como este foi conduzido pelo docente:

> Ele lê tudo o que registramos sobre o ser matemático, expõe sua opinião e, para cada um de nós, sugere leituras diferentes (...). Ele sabe exatamente o que a gente está fazendo, é um professor que acompanha o que a gente faz, então vamos fazer direito. (Candice, educação matemática 1)

> (...) no projeto todo mundo busca a bibliografia, a gente acaba lendo muito mais do que um texto para cada aula, e é uma coisa que ninguém falou que você tem que ler. É algo que parte da nossa necessidade. (Cristina, educação matemática 1)

Partir da necessidade do aluno significa o respeito por parte do docente de sua condição de adulto autônomo e consciente de seu processo formativo. Processo que é acompanhado individualmente pelo professor e que é significado na relação básica professor-aluno-conhecimento, na consecução de um projeto colaborativo de aula universitária, como analisa Veiga (2008).

Ao final do semestre, foi criado um espaço na aula denominado pela turma "Conversa sobre nossos seres matemáticos: Minhas alegrias, minhas frustrações e meus sonhos". Nele, os estudantes falaram do que alcançaram em termos de desenvolvimento na disciplina, constituindo, assim, um momento de autoavaliação em que o alcance ou não dos objetivos foi analisado pelo professor e pelos alunos, tendo como princípio a disciplina não como espaço curricular fechado e conclusivo, mas como ponto de partida para outras aprendizagens, como manifestou o professor: "Queremos que, no momento da colação de grau, o aluno fale: 'Estou colando grau, sou professor, mas preciso continuar estudando'". A autoavaliação ocorreu por meio de um diálogo em que todos tiveram voz, constituindo-se em oportunidade de diversificação de ideias e opiniões de forma espontânea e construtiva.

A vivência da autoavaliação durante a formação, além de favorecer aos futuros professores sua adoção na escola básica sem a preocupação em apenas atribuir notas, pode contribuir para a aprendizagem de alunos e professores e para a reorganização do trabalho pedagógico. Esse processo pressupõe parceria alimentada pelo respeito e pela solidariedade, como a constituída pelo professor Crisóstomo e seus alunos, nas aulas de educação matemática 1.

A aula é um dos espaços em que o professor desempenha a docência na universidade. Analisá-la implica compreender as práticas pedagógicas docentes e seus aspectos significativos. Procurando um desfecho para a análise das aulas de educação matemática 1, recorro a Cortesão (2006), ao afirmar que nessa análise é preciso considerar: o tipo de conhecimento e o modo como o professor se apropria desse conhecimento, "o quê"; a forma como o professor mobiliza e apresenta esse conhecimento aos estudantes, "o como", na perspectiva de Bernstein (1990); o cruzamento do "quê" e do "como" com um "onde", ou seja, o contexto e o nível de ensino em que se desenvolve o trabalho docente. Os tipos de conhecimentos trabalhados nas aulas e os modos de sua apropriação pelo professor Crisóstomo situam-se no eixo de aquisição de saberes que, na análise de Cortesão (*ibidem*), podem estar voltados para a produção ou reprodução, dependendo da forma como eles são adquiridos: por meio de conteúdos de livros e manuais didáticos, consultas a trabalhos científicos selecionados e traduzidos pelo professor, ou produção científica realizada pelo próprio docente, valendo-se de pesquisas feitas individual ou coletivamente.

O ensino possibilitou a ação do aluno, "(...) deslocando-o da situação de 'recipiente' do conhecimento para o papel de colaborador na conquista de suas aprendizagens, designando um trabalho que é habitualmente designado por 'ensino ativo' ou até 'ensino investigativo'" (*ibidem*, p. 82). O professor incentivou a participação dos estudantes e recorreu a metodologias que ofereceram a possibilidade de os alunos terem protagonismo no processo da aula. Aula que, nas percepções dos próprios estudantes:

> Faz-nos pensar sobre como vamos trabalhar. O professor não dá receita pronta, vai colocando perguntas, questões para pensar. (Cleide, educação matemática 1)

> Surpreendente! É assim que eu posso definir a aula dele. Ele desconstruiu tudo e o que eu tiro disso é que se eu posso, então eu vou poder educar a criança da forma como eu gostaria de ser educada (...). (Cleide, educação matemática 1)

Nas aulas observadas, o conhecimento era produzido por meio de investigações realizadas pelo docente em parceria com os alunos, caracterizando uma educação ativa e investigativa, com o recurso de "pedagogias invisíveis" (Bernstein 1990), menos preocupadas em produzir diferenças estratificadoras explícitas entre os estudantes. O foco não era apenas o desempenho avaliável, mas eram os interesses e as diferenças individuais, por meio de procedimentos internos do indivíduo, voltados para a emancipação num contexto de relações e interações.

Aula de história medieval 2:[12] "Uma coisa diferente da escola..."

O curso: Bacharelado em história

O curso de graduação em história, da UnB, oferece duas habilitações: a licenciatura, direcionada ao magistério, e o bacharelado, voltado para a pesquisa. Na primeira, são exigidos disciplinas na área de pedagogia e um estágio supervisionado. No bacharelado, a ênfase recai no desenvolvimento de pesquisas em disciplinas específicas da história. Para ambos os casos, a duração média do curso é de quatro anos, havendo ainda a possibilidade da dupla habilitação.

Nas Diretrizes Curriculares Nacionais para os cursos de história (CNE/CES, n. 13, de 13 de março de 2002) consta que, para o exercício do trabalho de historiador, os formandos deverão ter o pleno domínio do conhecimento histórico e das práticas essenciais de sua produção e difusão para suprir as demandas sociais específicas relativas a seu campo de conhecimento, que são: magistério em todos os graus, preservação do patrimônio, assessorias a entidades públicas e privadas nos setores culturais, artísticos, turísticos, entre outros. A formação do bacharel privilegia competências e habilidades gerais e, na licenciatura, competências e habilidades específicas. Nas gerais, o foco é na apropriação de concepções e informações referentes a diferentes períodos históricos, na relação entre a história e outras áreas do conhecimento, problematização das múltiplas dimensões das experiências dos sujeitos históricos e desenvolvimento de pesquisa, produção e conhecimento e sua difusão. Nas específicas, a ênfase recai nos conteúdos básicos, objeto

---

12. A disciplina história medieval 2 é ofertada pelo Departamento de História da UnB, em caráter obrigatório, para os estudantes do curso de história, com um total de quatro créditos. A carga horária semanal é de quatro horas-aula. As aulas foram desenvolvidas durante as tardes de terças e quintas-feiras, das 14 às 15h50min, no segundo semestre de 2008. A disciplina focaliza o estudo de temas ligados aos universos culturais islâmico, persa, cristão, judeu e maniqueísta, além de aspectos do mundo budista e mongol.

do ensino-aprendizagem, que visam à preparação para o exercício da docência nos ensinos fundamental e médio.

Plano de ensino: O proposto

Os objetivos apresentados no plano fornecem indicações gerais para a organização do processo de ensino e aprendizagem, privilegiando a dimensão cognitiva e técnica do conhecimento, com ênfase no desempenho observável do aluno, e não sugerem a contextualização com outras áreas do conhecimento e com a sociedade atual, nem a relação teoria-prática. Não há indicação de objetivos voltados à formação para a pesquisa enfatizada nas DCNs (2002) e defendida pelo docente em suas narrativas. Apenas um objetivo expressa a preocupação com processos de aprendizagem mais amplos e reflexivos por meio da compreensão de processos de sincretismo religioso.

Os conteúdos são divididos em cinco temáticas, com subtemas que não apresentam ligação entre si, numa relação linear, ou seja, são claramente delimitados, caracterizando unidade de conteúdo. Segundo Libâneo, "(...) são organizados em matérias de ensino e dinamizados pela articulação objetivos-conteúdos-métodos e formas de organização do ensino" (1993, p. 129). No plano, conteúdos e objetivos de ensino se articulam; entretanto, como não há a apresentação da metodologia de ensino, não é possível compreender como esse par será viabilizado no contexto da aula, indicando uma fragilidade estrutural dessa aula na dimensão do proposto. Resta saber como a linearidade dos conteúdos será transformada pelo professor.

No que concerne à avaliação do processo de ensino e aprendizagem, o docente limita-se a descrever que os estudantes realizarão duas provas com consulta, valendo cinco pontos cada uma, sendo a menção final o somatório dos pontos obtidos nessas provas – uma indicação de avaliação com função somativa. Não há designação de outros procedimentos avaliativos como os seminários, muito questionados pelo professor: "É uma tolice, uma perda de tempo e cria um problema de consciência: quem é pago para dar aula sou eu" (professor Victor). O professor também não inclui fichamentos e resenhas de livros e textos. Para ele, "(...) uns leem, outros não leem, e como dar nota para um fichamento? Como se dá nota nisso? Por isso minha avaliação é a coisa mais 'careta' do mundo: duas provas, cada uma vale cinco". O professor Victor parece compreender como atividades de aprendizagem apenas as que possam ser pontuadas, caracterizando uma visão meramente quantitativa da avaliação ao não considerar leituras de textos diversos, sem que necessariamente tenham que ser pontuadas ou mensuradas. A prova assume primazia no processo avaliativo proposto pelo docente, mesmo reconhecida por ele como uma prática "careta" – uma tradução da consciência de que sua forma de avaliar se insere numa visão mais conservadora, em que predomina o produto em detrimento do processo.

A bibliografia é vasta e diversificada, com a indicação de leituras básicas e suplementares, compostas por textos clássicos, que podem ser disponibilizados aos estudantes *on-line* pela dificuldade de acesso a esses materiais. Há predominância de autores estrangeiros, o que justifica a observação no plano em relação à necessidade de conhecimento básico da língua inglesa para o acompanhamento do curso. Essa exigência pode restringir o acesso dos estudantes às leituras propostas, tendo em vista que não há garantias de que todos dominem o idioma.

Ainda que o plano não possibilite uma visão mais aprofundada da proposta de organização das aulas por não apresentar a justificativa e a metodologia, é possível afirmar pela análise que a proposta se articula em parte com o que propõem as DCNs (2002) em relação às competências e habilidades a serem desenvolvidas no curso de história. A análise sugere uma "pedagogia visível", analisada por Bernstein (1990), com a apresentação explícita da sequência em que serão desenvolvidos os conteúdos, em um tempo definido para cada unidade, e a delimitação das responsabilidades do monitor, do professor e dos alunos na aula.

O cenário: A sala de aula

As aulas de história medieval 2 foram desenvolvidas em uma sala localizada no Instituto de Ciências Humanas da UnB. O mobiliário era composto por cadeiras universitárias sempre dispostas em fileiras e uma mesa para o professor, na qual ele invariavelmente se apoiava para as leituras dos textos clássicos. Eventualmente, sentava-se em uma cadeira, ao lado da mesa destinada a ele. As paredes laterais eram de tijolinhos vermelhos, com uma parede ao fundo pintada de branco, abrigando um quadro de giz pouco utilizado pelo docente, mesmo diante da ausência de outros recursos de ensino, como projetor multimídia e retroprojetor.

A sala era pouco ventilada, pois não havia janelas; a iluminação precária era complementada com luz artificial. Nas tardes quentes de agosto e setembro, meses em que as aulas foram observadas, a porta da sala permanecia aberta, ocasionando ruídos intensos vindos do corredor do prédio do conhecido "Minhocão". Nesses momentos, o professor dirigia-se aos alunos e solicitava cooperação para que pudesse dar continuidade à aula.

A docência: "Não fui lançado ao magistério como quem é lançado aos leões..."

O professor Victor iniciou a carreira no magistério logo após concluir a licenciatura em história, no início de 1993, lecionando em turmas de ensino médio, em um colégio na cidade do Rio de Janeiro. Essa primeira experiência foi considerada por ele muito complicada no que se refere à relação professor-aluno: "Eu tinha muita dificuldade no trato com o aluno. No primeiro momento, posso dizer que foi infernal, mas aprendi muito". O aprendizado que ocorre no exercício da profissão é um aspecto que tem sido estudado por Tardif (2002), Nóvoa (2007) e Leitinho (2008). Mostra o movimento de constituição docente como um processo permeado por erros e acertos, medos e alegrias, dúvidas e certezas que são permanentemente revistos na trajetória profissional. Conforme Tardif, "(...) se o trabalho modifica o trabalhador e sua identidade, modifica também, *sempre com o passar do tempo*, seu 'saber trabalhar'" (2002, p. 57), ou seja, o docente vai progressivamente dominando os saberes necessários ao desempenho de seu trabalho, definindo e consolidando concepções e práticas que orientam seu fazer docente, como afirma o professor Victor: "Foram anos muito especiais, foram anos de aprendizado e de relações muito intensas que permanecem até hoje".

A opção pelo magistério na Universidade de Brasília no ano de 1997 se deu pelo desejo de realizar pesquisas, sem, no entanto, se desligar da função de ensino. Para ele: "O pesquisador que não dá aula é um tolo egoísta, um desperdício de dinheiro, de inteligência. O professor que não pesquisa também é um tolo por estar perdendo a experiência do conhecimento de primeira mão e, por extensão, os alunos dele". Ao defender a pesquisa como norteadora do ensino, o pensamento do professor direciona-se ao de Humboldt, ao enfatizar o protagonismo da ciência na relação pedagógica: "(...) numa instituição científica superior, o relacionamento entre professores e alunos adquire uma feição completamente nova, pois, nesse ambiente, ambos existem em função da ciência" (1997, p. 81). A universidade, na visão do professor Victor, se justifica pela produção de "conhecimentos de primeira mão" ou conhecimentos científicos, que dão significado aos conteúdos desenvolvidos no ensino, não o concebendo como mera transmissão de conhecimentos, mas como um processo resultante da própria pesquisa, o que, na perspectiva de uma estudante, orienta o trabalho do professor: "(...) ele incentiva de fato a produção de conhecimento em aula, que é o que a universidade deveria fazer" (Vivian, história medieval 2).

Ao se manifestar em relação ao sentido que a docência assume para si, o professor Victor afirma: "É sacerdócio. Sendo sacerdócio, você tem que estar disponível 24 horas praticamente, mas não me sinto invadido, vem no pacote. (...). No binômio conhecimento de primeira mão e sacerdócio, está o segredo da docência, tem que amar muito". A concepção de docência expressa pelo professor apresenta uma aparente ambiguidade: a docência aliada à profissão de pesquisador que produz conhecimento científico e a docência vocacional/sacerdotal.

A docência aliada à pesquisa confere ao professor uma competência técnico-científica em um determinado campo, "(...) seu saber tem um componente 'sagrado', no sentido de que não pode ser avaliado pelos profanos" (Enguita 1991, p. 42). Como pesquisador, o professor possui a "autoridade científica" analisada por Bourdieu (2003) e expressa por meio da competência técnica e pelo poder social em seu campo de atuação, de um profissional que se dedica ao ensino e à pesquisa.

A condição vocacional/sacerdotal do professor surge no século XV até a metade do século XVIII, período em que a escola esteve sob a responsabilidade da Igreja e fez predominar na educação seus dogmas. A ideia de docência como sacerdócio é originária da necessidade de inserção de professores leigos como colaboradores na tarefa de ensinar, no contexto de urbanização decorrente do avanço das relações capitalistas que impôs a ampliação da oferta escolar. De acordo com Hypólito (1999), para atuarem como professores, os leigos deveriam declarar uma fé e jurar fidelidade aos preceitos da Igreja. Embora essa ideia tenha passado por alterações, sua essência ainda permanece no imaginário social.

Na visão sacerdotal, o professor é visto como alguém que professa atuar por vocação, por sacerdócio, e deveria ser uma pessoa repleta de virtudes como a disponibilidade integral ao ofício, a compreensão, o amor e a benevolência, sendo atribuído ao docente um comportamento acima do comum, conforme analisa Nóvoa (1991). Essa referência traz implicações para a profissionalização, na medida em que o magistério como vocação é influenciado por crenças e atitudes morais e religiosas, desconsiderando que a ação docente expressa intencionalidades vinculadas às finalidades sociais e políticas da educação.

Essa ambiguidade sugere uma crise de identidade, consequência dos conflitos inerentes à constituição da profissão docente e das demandas impostas à universidade, no atual contexto de políticas neoliberais. A respeito da situação do professor, Enguita afirma que "(...) nem a categoria nem a sociedade em que estão inseridos conseguem pôr-se de acordo em torno de sua imagem social e, menos ainda, de campos de competências, organização da carreira docente etc." (1991, p. 41). São aspectos que merecem um capítulo à parte nos cursos de formação inicial e continuada dos professores por repercutirem em sua forma de ser, de estar e de fazer a profissão docente.

A partir da concepção de docência, a aula na universidade é vista pelo professor Victor como "(...) o momento de aquisição de conteúdos históricos (...)". É um espaço onde o aluno entra sabendo pouco ou nada e sai sabendo alguma coisa e com elementos para questionar o professor e as fontes históricas". Na concepção do docente, na aula o documento em si não traduz o conhecimento histórico, contrariando a perspectiva positivista da história, pela qual ele é considerado garantia de objetividade, que "(...) exclui a noção de intencionalidade contida na ação estudada e na ação do historiador" (Vieira et al. 2003, p. 13). Em outra direção, a narrativa do professor pressupõe que os conhecimentos históricos são interpretados e analisados pelo historiador, no caso, o próprio professor que recorre a sua cultura histórica como pesquisador, a seus conhecimentos teóricos e aos conhecimentos externos aos documentos estudados, no momento da aula (Cardoso 1981).

As concepções de docência, pesquisa e aula expressas pelo professor em suas narrativas nos convidam a compreender melhor a forma como ele planeja a aula com a utilização de fontes históricas, aspecto que imprime características inovadoras no tratamento do conhecimento na universidade.

A aula concebida: "As fontes em primeiro lugar..."

Ao planejar as aulas de história medieval 2, o professor Victor traz à tona uma discussão sobre o tempo da aula, ao afirmar que, no início do semestre, determina uma hora e meia para cada tema a ser desenvolvido, conforme explicita: "Não existe isso de não terminar uma aula; pode acontecer, não é um pecado capital, mas dificilmente vai ter uma discussão tão longa que eu pare no meio de um tópico e fique para outra aula". A posição do docente parece denotar certa rigidez na definição do tempo da aula ao planejar, desconsiderando que o tempo-aula se reconfigura nas relações de acordo com as necessidades, as experiências e os saberes de seus protagonistas. O tempo é categoria indissociável do conceito de aula e de sua materialização, como podemos apreender da compreensão de Masetto de que "(...) a aula é espaço e tempo no qual e durante o qual os sujeitos de um processo de aprendizagem (o professor e alunos) se encontram para juntos realizarem uma série de ações (na verdade, interações) (...)" (2000a, p. 85). Embora o professor, ao planejar a aula, precise definir alguns aspectos organizativos como o tempo necessário para o desenvolvimento dos conteúdos, por ser a aula um espaço de relações e interações, não há como desconsiderar a complexidade dos processos nela vividos como elementos que flexibilizam o tempo em virtude da singularidade dos sujeitos que dão vida à aula. Assim, a duração de cada atividade irá variar de acordo com as situações específicas em que se desenvolve a prática pedagógica.

Em análise sobre a forma como os docentes utilizam o tempo nas salas de aula, Puentes e Aquino (2008), fundamentados por investigações sobre a temática, discutem cinco tipos diferentes de tempos: a) tempo planejado – quantidade de tempo previsto para as atividades no planejamento elaborado pelos docentes; b) tempo atribuído – quantidade de tempo definido pelos professores para que os estudantes utilizem numa determinada atividade escolar; c) tempo ocupado – diz respeito à quantidade de tempo efetivamente gasto numa tarefa; d) tempo de aprendizagem escolar – quantidade de tempo gasto pelo estudante ocupado numa atividade em que obtém sucesso; e) tempo necessário – quantidade de tempo que um aluno necessita para, sozinho, realizar uma tarefa e que envolve a consideração de suas habilidades, capacidades e aptidões. Ao planejar, o grande desafio do professor é considerar que esses tempos se articulam no momento de pensar a organização didática da aula e se transformam em sua concretização em tempo de aprendizagens e de sucesso dos alunos, dimensão que considero fundamental na aula universitária por ser este o espaço de formação pessoal e profissional.

Dessa forma, é preciso considerar que é o tempo-aula que gere os conteúdos, os métodos, as técnicas e a avaliação, com vistas à aprendizagem que, na visão de Puentes e Aquino, "(...) está relacionada com a quantidade de tempo atribuída a uma tarefa e com o tempo que os alunos permanecem ocupados na sua realização" (2008, p. 112), interferindo diretamente no desempenho dos alunos. É preciso, pois, transformar o tempo fragmentado, determinado na dimensão quantitativa, em tempo criativo, na dimensão qualitativa, tomando-o como possibilidade, construção e projeção que rompe com a trama do tempo quantitativo, enfrentando as certezas e incertezas do conhecimento e imprimindo ao tempo uma dimensão dialética, fundamental na aula universitária.

O desenvolvimento da aula ocorre basicamente por meio da discussão das fontes históricas, tendo a literatura secundária, na expressão do professor Victor, como *background*, ou seja, como conhecimento a ser considerado em segundo plano, como suporte teórico. A aula é conduzida com o intuito de possibilitar aos alunos "(...) chegarem às suas próprias conclusões, independentemente do que eu pense. Eu digo: 'Ousem pensar; não é porque está no livro que vocês têm que repetir'". Segundo o professor, essa perspectiva "(...) interfere positivamente na aula, porque os alunos adoram trabalhar com fontes e eles se sentem respeitados quando o professor os coloca no mesmo nível". Os objetivos propostos para a formação do bacharel em história apontam para a formação do historiador com pleno domínio do conhecimento histórico e para o desenvolvimento de pesquisas. Assim, o professor Victor utiliza as fontes no desenvolvimento da aula, ensejando aos alunos a compreensão do significado intrínseco da pesquisa historiográfica, na perspectiva analisada por Vieira *et al.* (2003) de que as fontes não espelham fielmente a realidade e representam parcialmente um objeto; constituem o testemunho daqueles que as produziram e não falam por si, cabendo ao historiador interrogá-las, relê-las e explicar as mensagens nelas contidas.

O acompanhamento e a avaliação das aulas ocorrem informalmente, conforme o professor Victor: "Ao final de cada aula, pergunto: 'Todos entenderam? Alguém tem dúvida?'. São os recursos tradicionais aos quais recorro para saber se está tudo bem ou houve alguma 'zebra' no meio do caminho". Essa posição expressa uma preocupação do docente em ouvir dos alunos manifestações em torno do conteúdo desenvolvido, sem, no entanto, sistematizar um processo avaliativo com base nos objetivos traçados no plano e na relação desses com a avaliação, com os conteúdos e os métodos. Conforme analisa Freitas, "(...) a avaliação incorpora os objetivos, aponta uma direção. Os objetivos, sem alguma forma de avaliação, permaneceriam sem nenhum correlato prático que permitisse verificar o estado concreto da objetivação" (1995, p. 95). É o confronto entre o idealizado no plano e o realizado no contexto concreto da sala de aula que oferece elementos para que o docente reveja seu trabalho à luz de informações que reflitam de fato o que ocorre na aula, com vistas ao alcance dos objetivos.

A aula vivida: "Bebendo na fonte do conhecimento..."

Neste momento da análise das aulas de história medieval 2, recorro aos dados gerados na observação, cuja leitura sugere que o caráter inovador das aulas é o trabalho com as fontes históricas compreendidas, como todo artefato escrito ou não que conserve aspectos históricos de um determinado período, de um objeto ou de um povo. O trabalho com fontes na aula é uma opção metodológica reforçada pelas experiências que o professor Victor teve como estudante na Inglaterra e se direciona no sentido de não se restringir a leituras de comentadores: "A universidade só lê comentadores; ficamos repetindo o que os outros acham e é isso o que todo mundo aqui faz". Ao se posicionar dessa forma, o professor Victor questiona a "maneira perversa" como o estudante universitário é tratado nas aulas – "Uma pessoa que nada sabe e que deve repetir o que foi dito pelo comentador" – e considera que houve uma "virada de chave", no momento em que percebeu a importância das fontes na produção de conhecimentos: "Significa considerar o conhecimento em primeira mão; o que não é isso é um meio conhecimento, um diletantismo. No curso de história, representa qualquer coisa, menos formar o historiador".

Nesse sentido, as aulas de história medieval 2 apresentam um caráter de inovação por quebrar a lógica preponderante no curso de história de trabalhar os conhecimentos produzidos pela humanidade apenas pelo olhar dos autores da área – a história recontada, comentada, e não a história pesquisada nas fontes, na gênese. O conhecimento baseado em fontes pode contribuir para instaurar um processo de transição entre a lógica conservadora de um ensino reprodutivo, comum nas instituições universitárias, e uma lógica emancipatória que sugere uma ruptura com o instituído.

A opção pelo conhecimento-emancipação, conforme Santos (2009), implica que o indivíduo só pode ser reconhecido pelo outro enquanto produz conhecimento, o que atribui ao conhecimento um sentido "intermulticultural" com as finalidades de romper o silêncio e considerar a diferença. Em relação à primeira finalidade, o conhecimento-regulação, característico da ciência moderna, provocou a destruição de diferentes formas de saber, silenciando povos ou grupos sociais. A proposta de conhecer a história de povos, grupos, culturas "bebendo na fonte" pode recuperar os saberes silenciados pelo conhecimento-regulação. Ao considerar a diferença, o conhecimento-emancipação aspira a uma teoria da tradução que subsidie epistemologicamente as práticas emancipatórias, tornando possível a compreensão de diferentes culturas por parte de uma cultura, e promovendo, assim, um diálogo entre os saberes.

Todavia, a proposta de trabalho com as fontes históricas encontrou resistência dos professores do Departamento de História, conforme o professor Victor: "Para eles, quem trabalha com fontes é positivista e comecei a pensar: 'Espera aí, isso é uma apologia da ignorância; como é que saber mais pode ser menos?'. Os colegas reclamam porque é mais cômodo ser um comentador". O professor Victor levanta um aspecto relativo às relações pessoais como fator inibidor da constituição de culturas inovadoras que contribuam para revitalizar o ensino e a aprendizagem na universidade. Em um estudo que investigou a inovação como fator de revitalização do ensinar e do aprender na universidade, Leite analisou as condições favoráveis à inovação nesse âmbito, sendo que uma delas diz respeito ao protagonismo que

> (...) se refere à participação/envolvimento dos sujeitos na sala de aula, nos espaços/ambientais micro ou macroinstitucionais. O protagonismo também envolve a oportunidade de o sujeito dizer a sua palavra; o respeito às diferentes culturas; o aprender com o outro e o ter o que ensinar/aprender; a valorização do outro e dos seus saberes e possibilidades. (1997, p. 75)

Nesse sentido, as inovações devem buscar a construção de um projeto coletivo na e para a universidade; resultam, portanto, de ações coletivas e não de tentativas individuais. Contrário a essa perspectiva, o que se vê são práticas docentes subordinadas a uma crítica constante dos próprios professores que veem suas certezas perderem credibilidade. No entanto, para os estudantes, o uso das fontes históricas é o diferencial das aulas ministradas pelo docente, como expressam os excertos a seguir:

É essencial porque um historiador que não trabalha com as fontes não é historiador. A gente fica só repetindo o que os outros falaram, sem opinião própria. (Vivian, história medieval 2)

(...) o professor utiliza fontes, o que ele diz não foi inventado, não foi porque ouviu dizer. Toda a questão historiográfica é embasada, é uma perspectiva nova que pode proporcionar um conhecimento diferenciado. (Vanessa, história medieval 2)

(...) a universidade não pode ser igual ao colégio, o professor fala e o estudante escuta. O estudante nesse espaço tem o intuito de produzir conhecimento. (Vanda, história medieval 2)

Na visão das alunas, a utilização de fontes históricas na aula ajuda a melhorar o ensino, ao favorecer a produção do saber e não, conforme vem fazendo a universidade ao longo dos séculos, transmitir e/ou reproduzir conhecimentos. A esse respeito, Belloni diz que "(...) a função da universidade é apenas uma: gerar saber. Um saber comprometido com a verdade porque ela é a base da construção do conhecimento" (1992, p. 73). A perspectiva de trabalho com fontes, assumida pelo professor Victor, pode possibilitar a produção de conhecimentos e gerar mudanças significativas no ensino com vistas a uma aprendizagem da história medieval, objeto da disciplina, mais significativa e fundamentada, indo ao encontro das necessidades e expectativas dos estudantes em relação a sua formação como historiadores.

Nas observações das aulas, foi possível acompanhar o estudo dos conteúdos por meio das fontes históricas.[13] As fontes eram lidas,

---

13. Incluem-se entre as fontes: o *Corão*; Al-Ghaiti, *História da viagem noturna e da ascensão*; IBN-Ishaq, *Vida de Maomé*; *Evangelho muçulmano* (org. segundo

discutidas e comentadas, processo atentamente acompanhado pelos estudantes. O professor Victor identificava as lacunas e incoerências internas dos textos, como nos mostra a seguir: "O texto é uma costura de tradições diferentes e isso não está claro no próprio texto, porque algumas tradições aparecem soltas. Temos um quadro que, em termos da narrativa, é coerente, mas que apresenta lacunas". Ao mesmo tempo em que o professor Victor analisava e questionava os textos, incentivava os estudantes a se posicionarem criticamente, indicando que o "conhecimento em primeira mão" não é verdade absoluta e acabada. Em uma aula que teve como tema "A ascensão de Maomé", ao falar das relações entre o xamanismo e as experiências ascensionais, Victor relacionou a história à realidade brasileira:

> Jesus desce ao mundo dos mortos e volta, e São Paulo faz a mesma coisa. No caso de Maomé, algo muito semelhante ocorre, há troca das entranhas e o episódio das águas. Os Xamãs não são doentes mentais, são aqueles que, depois de uma experiência, se curam a si mesmos e adquirem o dom de curar terceiros. Do que Maomé se curou e a quem ele vai curar? Ele recebe entranhas novas para ser um indivíduo novo. Esse tipo de história está muito próximo, na realidade brasileira, dos santos que não são reconhecidos pela Igreja, mas que são populares. Quando um grupo inteiro faz isso, você vai dizer que não é assim? Como historiadores da cultura, isso não cabe a nós. Há muitos fios que nos levam à alta cultura e cada fio que puxarmos – escada, cavalo – nos leva também à religiosidade popular, e não estou dizendo que há algo errado nisso.

O fato de o professor privilegiar as fontes históricas na construção do conhecimento não o faz ignorar os saberes locais e populares; ao contrário, favorece o diálogo entre o saber da alta cultura e os saberes populares, característica do modelo de aplicação edificante da ciência. Nessa perspectiva, conforme Santos (1995), busca-se maior diálogo com os saberes locais e com os diferentes atores. O conhecimento tende a não

---

Khalidi); Al-Gazali, *Renascimento das ciências da religião*; IBN-Al-Mubarak, *Livro do ascetismo e das ternas misericórdias*; IBN Hanbal, *Livro do ascetismo*.

ser dualista, na medida em que se funda na superação das distinções: coletivo/individual, subjetivo/objetivo, natureza/cultura, ciência/senso comum, entre outras. O verdadeiro conhecimento possibilita a união de culturas, de compreensões das diferenças, caracterizando a inovação pela dimensão emancipatória.

A aula desenvolvida com fontes históricas requer o domínio epistemológico por parte do professor, como condição que pode favorecer a inovação, conforme analisa Leite (1997), por facilitar o desenvolvimento da prática pedagógica e a aproximação com outros saberes. Em relação ao professor Victor, é possível afirmar que se trata de um docente com profundo conhecimento de sua área de formação e domínio de idiomas, como o grego, o hebraico, o latim, o francês e o inglês, o que favorece a leitura e a tradução das fontes. Formação que tem o reconhecimento dos estudantes:

> O professor tem muito conhecimento. (Valter, história medieval 2)

> (...) o que ele faz aqui é um trabalho de historiador para formar a gente. Ele pesquisa, se informa, lê fontes, ele produz para chegar aqui. (Valéria, história medieval 2)

A docência é um campo que requer do professor domínio dos conhecimentos básicos numa determinada área, experiência profissional e domínio na área pedagógica, enfocando que este é o ponto mais frágil dos professores universitários e que não deve ser negligenciado porque favorece o desenvolvimento de competências específicas para enfrentar os desafios atuais da educação superior.

Um dos pontos de fragilidade das aulas de história medieval 2 diz respeito à tímida participação dos estudantes nas discussões, que pode ser justificada pelo fato de ainda prevalecer no meio universitário a cultura que atribui ao documento peso de prova histórica como verdade inquestionável a que se deve manter fidelidade. Ainda que esse aspecto não anule os esforços do docente por realizar um trabalho que sem dúvida sinaliza indícios de avanço no processo de ensino na universidade, ele poderia, para fomentar a participação dos estudantes, recorrer a estratégias didáticas que favorecessem grupos de trabalho em suas diversas configurações: simpósios, painéis, fóruns de discussão etc. Conforme Amaral, o trabalho de grupo "(...) é uma técnica *didática* utilizada com a finalidade de promover a aprendizagem de determinados conteúdos, sejam eles de natureza cognitiva, afetiva ou social" (2006, p. 51). A formação de grupos de trabalho apresenta como vantagens: a) participação dos estudantes mais lentos e/ou mais tímidos; b) atendimento às necessidades específicas de um grupo; c) contribuição para que o estudante progrida de acordo com suas habilidades; d) desenvolvimento de habilidades cooperativas.

Finalizando, é possível afirmar que o estilo próprio desenvolvido pelo professor Victor é resultante de um processo de constituição docente que envolve formação e autoformação, além de aprendizado baseado nas experiências vivenciadas ao longo de sua trajetória profissional e nos questionamentos das concepções e dos processos de ensinar, aprender e pesquisar no âmbito da universidade. Esse estilo não é um dado adquirido, mas sim construído de forma dinâmica, e expressa maneiras de ser e estar na profissão docente.

Aula de métodos e técnicas de pesquisa em comunicação:[14] *"Espaço do diálogo, do compartilhar ideias, de procurar caminhos..."*

O curso: Graduação em comunicação social

O curso de comunicação social oferece três habilitações: a) jornalismo, b) publicidade e propaganda e c) audiovisual, podendo ser concluído em até oito semestres.

---

14. A disciplina métodos e técnicas de pesquisa em comunicação (Pescom) é ministrada no 4º semestre em caráter obrigatório, sem exigência de pré-requisitos. A carga horária semanal é de quatro horas-aula, correspondentes a quatro créditos. As aulas foram desenvolvidas durante as manhãs de terças e quintas-feiras, das 10 às 12 horas, durante o segundo semestre de 2008.

As Diretrizes Curriculares para o curso de comunicação social (CNE/CES, n. 16, de 13 de março de 2002) apontam um perfil comum de profissional e perfis específicos por habilitação, com ênfase na capacidade de criação, produção, reflexão, postura crítica em relação aos conteúdos teórico-práticos e uma visão integradora e horizontalizada, genérica e ao mesmo tempo especializada dos diferentes campos de trabalho.

As competências e habilidades elencadas nas DCNs comportam os níveis geral e específico por habilitação. No nível geral, previsto para todas as habilitações, destaco, por serem privilegiadas no plano de ensino da disciplina método e técnica de pesquisa em comunicação: assimilar criticamente conceitos que permitam a apreensão de teorias; usar tais conceitos e teorias em análises críticas da realidade e refletir criticamente sobre as práticas profissionais no campo da comunicação. No nível específico, as competências e habilidades são voltadas às características próprias de cada habilitação: jornalismo, publicidade e propaganda, audiovisual.

Plano de ensino: O proposto

Do ponto de vista didático, o plano de ensino apresenta uma estrutura lógica e coerente com a definição de todos os elementos do processo de ensino. Do ponto de vista pedagógico, foi possível apreender pela justificativa que o enfoque privilegiado pelo professor no desenvolvimento da disciplina busca a superação do estudo do método, focalizado exclusivamente no ensino de técnicas e métodos apriorísticos a serem aplicados nas pesquisas, na lógica do "como fazer". A perspectiva proposta é a da pesquisa como uma prática social que pressupõe uma relação dialética entre o sujeito do conhecimento e o objeto a ser conhecido.

Os objetivos, especificados sinteticamente, fornecem indicações gerais para a organização do processo de ensino e de aprendizagem, revelam que a dimensão privilegiada é a cognitiva – com ênfase nos processos de pensamento e reflexão sobre a pesquisa e o método – e propõem a formação do profissional da comunicação com o perfil e as competências e habilidades gerais apresentadas nas Diretrizes Curriculares (2002).

Os conteúdos são apresentados como temáticas articuladas em três movimentos: 1) o saber científico; 2) a lógica: formas de conhecimento, objeto científico, campo metodológico; 3) a pesquisa-comunicação: pesquisa e processos de pesquisa. Sua organização articula-se em torno de temáticas que indicam movimento e expressam a perspectiva dialógica privilegiada pelo docente, no tratamento dos conteúdos durante as aulas, conforme Shor e Freire, "(...) uma postura necessária, na medida em que os seres humanos se transformam cada vez mais em seres criticamente comunicativos" (1986, p. 123). Relacionam-se com os objetivos e evidenciam o que será relevante para que o profissional da comunicação desenvolva as capacidades de pensar e compreender a pesquisa em comunicação. Para desenvolvê-los, o professor propõe como metodologias aulas teóricas fundamentadas em leituras prévias e debates dos textos indicados, com o objetivo de refletir sobre o processo da pesquisa científica como ruptura e de buscar novos conhecimentos por meio de questionamentos críticos e aprofundados, não se limitando a informar/tematizar sobre métodos e técnicas, procedimentos e abordagens. A metodologia é coerente com os conteúdos e os objetivos propostos. Entretanto, é preciso considerar que o plano não dimensiona a riqueza dos debates, das reflexões e dos diálogos observados nas aulas, reforçando a necessidade de, na pesquisa qualitativa, utilizarem-se outros procedimentos de levantamento de dados, como a observação de aulas.

Na avaliação da aprendizagem, o professor adota parâmetros gerais e específicos. Os parâmetros gerais consideram: a criatividade e a capacidade analítica e crítico-reflexiva nas discussões em sala de aula sobre os textos teóricos e as análises realizadas. Os parâmetros específicos levam em conta: a participação em sala de aula, que ocorre pela expressão e a comunicação oral e pela realização de trabalho escrito em grupo; a execução e a entrega de trabalhos individuais e a frequência às aulas. A menção final é resultante do somatório dos aspectos considerados nos parâmetros gerais e específicos, com peso maior para a participação em sala de aula. A avaliação da aprendizagem é coerente com os objetivos e, embora o professor não explicite a função que assume, a análise do plano sugere a somativa e a formativa, em que há a configuração de uma menção baseada no somatório de pontos atribuídos às atividades, sem desconsiderar o processo de desenvolvimento dos alunos.

O cronograma apresenta a organização e o sequenciamento dos temas de estudos, com definição de datas e número de aulas necessárias ao desenvolvimento das temáticas, seguidos da indicação bibliográfica para cada temática. A apresentação de um cronograma demonstra o rigor (Shor e Freire 1986) e a seriedade atribuídos à aula desde sua concepção. No entanto, esse rigor, como indica uma observação do professor em nota de rodapé, não prescinde da flexibilidade necessária em virtude das interferências de fatores externos e internos ao contexto da universidade, do curso, da disciplina e das aulas, bem como do nível próprio de cada turma, mostrando que a aula dialógica não ocorre num clima *laissez-faire*.

A bibliografia proposta sugere uma aproximação com vários textos sobre a pesquisa científica em comunicação e é acompanhada de uma observação do professor de que não se presta a fazer uma "prova de conhecimentos", medindo as informações adquiridas, aspecto que reforça a concepção de avaliação assumida pelo docente e a perspectiva de conhecimento como contínuo, inacabado. Ao privilegiar autores clássicos, como Weber, Bachelard, Kaplan, Bourdieu, Durkheim, entre outros, o docente propõe aos estudantes uma "leitura séria" para saírem do lugar-comum. Para ele, "(...) os clássicos ajudam a entender o tempo de agora. A categoria dos clássicos é atemporal, um texto que não é clássico morre com o tempo" (professor Paulo). Sua leitura realizada de forma séria "é parte do rigor da sala de aula dialógica" (Shor e Freire 1986, p. 105). Seja para aceitar ou rejeitar os textos, contribui para evitar o "racismo científico" (*ibidem*) e oportuniza aos estudantes o contato com pensamentos e teorias que, ao serem pensados e refletidos, colaboram com a construção de uma consciência crítica.

A análise do plano da disciplina métodos e técnicas de pesquisa em comunicação (Pescom) revela uma "pedagogia visível" (Bernstein 1990) em que as regras e os critérios definidos e explícitos evidenciam uma preocupação do docente em organizar o processo didático e em proporcionar aos estudantes o conhecimento das "regras do jogo" em termos do que se espera deles, numa relação pedagógica visível e sem disfarces.

O cenário: A sala de aula

As aulas observadas desenvolveram-se em uma sala localizada na Ala Norte do prédio conhecido popularmente como "Minhocão", no Departamento de Comunicação Social da UnB. A sala parecia ter sido improvisada para as aulas, embora naquela ala todas apresentassem as mesmas características físicas. As paredes de divisórias não favoreciam a criação de um ambiente propício ao desenvolvimento das atividades acadêmicas que exigiam maior concentração. Havia na lateral externa à sala uma grande porta de vidro que a tornava muito iluminada e quente nas manhãs de sol. Para amenizar o calor, havia dois ventiladores de parede.

A sala possuía um quadro de giz, uma mesa e uma cadeira para o professor e carteiras universitárias para os estudantes. Provavelmente em virtude de o tamanho da sala não favorecer uma disposição diferente para as carteiras, estas estavam sempre organizadas em semicírculos, com os estudantes ficando de frente para o professor.

A docência: "Uma coisa que se foi dando..."

O professor Paulo concluiu a licenciatura em ciências da educação na Universidade Católica do Uruguai, em 1998. Em 1999, movido pelo desejo de investir em sua formação docente, veio ao Brasil para realizar estudos de especialização, mestrado e doutorado na Universidade do Vale dos Sinos (Unisinos). Em 2006, realizou concurso público para professor de teoria e metodologia na UnB, onde passou a lecionar a disciplina métodos e técnicas de pesquisa em comunicação.

Embora a docência não estivesse nos planos do professor Paulo, ele declara ter tido na família referências significativas do magistério: "Tive um contexto em que o pedagógico fazia parte do dia a dia". Por meio do convívio familiar, principalmente com um dos tios, aos poucos ele foi percebendo que o magistério era "uma questão intrínseca", reforçando a importância das influências familiares na constituição do ser professor, já analisada em outros estudos (Cunha 1995 e Tardif 2002).

O professor Paulo iniciou sua formação acadêmica no curso de medicina e na escola de teatro, ambos abandonados para cursar ciências da educação: "Eu formalizei a questão do pedagógico, era um caminho que eu queria fazer (...). Mas não foi assim, um momento em que eu dissesse: 'Agora eu quero ser professor'. Foi uma coisa que foi se dando". A opção pelo magistério foi ocorrendo de forma consciente, visto que o professor abriu mão da possibilidade do exercício de uma profissão – a medicina, historicamente com maior *status* profissional. A docência foi, então, constituindo-se ao longo da trajetória pessoal e profissional do professor, como um processo marcado pelo inacabamento, e é nessa perspectiva que precisa ser entendida, com base no contexto concreto de cada indivíduo, considerando suas experiências formativas e sua trajetória na instituição universitária. A docência é, então, compreendida pelo professor Paulo, por meio de duas dimensões denominadas por ele de "docência ideal" e "docência real".

Na dimensão da docência ideal, o professor Paulo assume o papel de quem incomoda: "(...) o professor tem que incomodar, não no sentido de aprovar ou reprovar o aluno, incomodar no sentido de inquietar. Eu gosto da palavra incomodar, porque você fica incomodado, você fica desafiado pela 'incomodação'". Incomodar, para ele, é fazer os alunos saírem "do lugar-comum"; é perguntar, é incentivar a leitura, o pensar; é provocar, é propor outras coisas que rompam com a tradicional, mecânica e autoritária forma de transmissão do conhecimento, em que o professor domina o discurso, ao passo que aos estudantes cabe ouvir para depois reproduzir.

A segunda dimensão, a docência real, conforme aponta o professor Paulo, realiza-se "(...) num contexto de universidade que não entende o jogo; é o contexto da docência que hoje se vivencia". O contexto de uma universidade que vive um processo de incorporação da lógica empresarial, resultante da expansão das políticas neoliberais no país, desde a década de 1990. Nesse processo, as avaliações externas têm demandado do professor universitário uma grande carga de trabalho, uma vasta produção acadêmica – pesquisas, publicações e participações em eventos científicos –, configurando uma intensificação da docência pautada na avaliação como um forte esquema de controle da produtividade. Essas exigências têm levado o docente universitário a realizar funções para além do exercício da docência. As "funções formativas convencionais", domínio da matéria e da forma de realizar a transposição didática, estão tornando-se complexas,

> (...) com o surgimento de novas condições de trabalho (massificação dos estudantes, divisão dos conteúdos, incorporação das novas tecnologias, associação do trabalho em sala de aula com o acompanhamento da aprendizagem em empresas, surgimento dos intercâmbios e outros programas interinstitucionais etc.). (Zabalza 2004, p. 109)

Às funções de ensino, pesquisa e extensão foram somadas outras que requerem dos docentes um tempo que poderia ser dedicado às atividades precípuas da universidade. É o caso da corrida por financiamentos de projetos e convênios, assessorias e busca de parcerias com empresas, perspectiva analisada por Zabalza (*ibidem*) que se tem ampliado em todo o mundo, contribuindo para a intensificação do trabalho do professor, a deterioração dos espaços profissionais e, ao mesmo tempo, a fragilização das relações coletivas de trabalho: "O professor que incomoda, não dá respostas, que atrapalha num outro sentido incomoda também os próprios colegas e a academia não gosta disso" (professor Paulo). Essa fragilidade gera uma solidão profissional que, conforme Correia e Matos (2001), não ocorre pela "natural predisposição" para o individualismo, mas sim por uma tendência que define, elege e hierarquiza as prioridades às quais o professor deve dedicar-se. Esta é a docência real vivida pelos professores universitários.

Ao compreender a docência nas dimensões real e ideal, o professor Paulo define a aula universitária como um espaço a ser trabalhado em outra temporalidade, um laboratório resultante de um processo reflexivo:

Um laboratório com o rigor do laboratório, não o laboratório de qualquer coisa. Espaço de experimentação, de compartilhamento de ideias, (...) onde não se vão encontrar respostas, mas tentar, procurar caminhos, tendo o erro como parte da descoberta, como um processo de aprendizado. A aula nessa perspectiva é resultado de um processo reflexivo onde o tempo não seja o tempo de um semestre; a aula seja trabalhada em outra temporalidade.

A aula como espaço de experimentação, de compartilhamento de ideias, de reflexão implica uma relação de liberdade entre professor e alunos que torna possível o diálogo incentivador do pensamento incomodativo, desconfiado, e que pode contribuir para que o objetivo de formar profissionais críticos na área da comunicação saia dos documentos escritos nas faculdades e nos departamentos das universidades e se concretize na sala de aula.

No tópico seguinte, busco, na entrevista do professor Paulo, compreender como, na dimensão do concebido, ele prepara, desenvolve e avalia a aula, para, em seguida, analisar como de fato nela se desenvolve o diálogo, "desafio intelectual" entre professor e alunos.

A aula concebida: "Estrutura tradicional, no sentido clássico e não retrógrado..."

O professor Paulo, ao referir-se durante a entrevista à preparação, ao desenvolvimento e à avaliação das aulas que ministra, foi enfático: "A estrutura da minha aula é tradicional, eu não tenho *data show*, eu utilizo o quadro de giz e discutimos os textos. É tradicional, no sentido clássico e não retrógrado". Assim, não entendia por que as aulas tinham sido indicadas pelos alunos como inovadoras. Em referência à preparação das aulas, o professor afirmou adotar como base alguns tópicos orientadores, sem, contudo, torná-los rígidos, fechados, inflexíveis. Em seu desenvolvimento, ao perceber que a discussão se encaminha para outro tópico, ele permite que flua: "Eu não entro na aula dizendo: 'O objetivo hoje é discutir isso' e a gente vai forçando, obrigando. Se não der, discutimos em outra aula (...). Eu tenho claros os objetivos, o programa, as unidades, mas a aula tem uma dinâmica própria". Deste ponto de vista, a aula não seria um receituário ou uma ação espontânea em torno da discussão de textos; por sua complexidade, não há espaço para improvisos e tampouco para soluções padronizadas. Há sim a necessidade, conforme Veiga, de que o professor, ao planejá-la, "(...) possa responder ao para quê, o quê, para quem, quem, com quê, quando e onde de cada uma das situações particulares" (2008, p. 268).

Essas questões parecem nortear o planejamento do professor, embora, no nível do discurso e das ações, a aula se evidencie com menos formalidade que no nível do proposto no plano de ensino. Na dinâmica da sala de aula, o professor cria e recria a sua forma peculiar de ensinar, uma didática própria para atender às situações inusitadas que requerem tomadas de decisões e a revisão do planejado. O depoimento de um estudante corrobora a fala do professor sobre a dinâmica flexível da aula.

> Curioso essa coisa de vencer o ponto da aula. No começo eu ficava intrigado porque o texto era trabalhado da forma mais caótica, com pontos que às vezes paravam no primeiro parágrafo (...). Eu comecei a pensar sobre isso e tenho concluído que ele tem deixado para a gente completar essas coisas e isso é muito legal, porque ele está focando no conhecimento, mas está focando na relação também. (Pedro, Pescom)

Em relação ao desenvolvimento da aula, o professor Paulo reitera que "(...) a matriz da experiência da aula é a reflexão", mesmo que não consiga desenvolver todo o tópico planejado, ao mesmo tempo em que relaciona o processo da aula ao vivido na pesquisa:

> O pesquisador reflete sobre o processo metódico, sobre as escolhas que fez, por que entrevista, por que aquelas perguntas; na pesquisa há sempre questionamentos. Na aula a gente faz isso também, tentamos entender por que estamos fazendo tal coisa, o tipo de pergunta, o rigor em relação aos conceitos. Não só como objetivo da aprendizagem da pesquisa, mas para vivenciar o rigor. Quando falo: "Que pergunta você faria para o seu colega?". Eles estão vivenciando a dinâmica do pensar científico.

Segundo o professor Paulo, nem sempre as aulas provocam a discussão/reflexão esperada: "Tem aula que fico mal, não consigo entrar na discussão, na reflexão; ficamos na superficialidade, não conseguimos sair da zona de conforto, eu também não consegui puxar (...)". Para ele, a sensibilidade ajuda-o a perceber se na aula foi dado o "pulo do gato"; Paulo considera que isso também faz parte do processo: "Não saio de uma aula e penso: 'Não valeu nada'". Essas inquietações do docente em relação à aula como um espaço de desestabilização, de pensar, de desconfiar parecem ser também dos estudantes:

> As aulas nos fazem perguntar o que estamos fazendo aqui na academia, se é alimentar a nossa zona de conforto ou se tem outro propósito. (Pilar, Pescom)

> (...) ele diz que tudo o que se apresenta como certeza absoluta a gente tem que desconfiar. São as ideias preconcebidas. Se quando discutimos um tema sabemos o que vamos encontrar, não aprendemos nada. (Patrícia, Pescom)

A revisão do planejamento das aulas é feita com base nas avaliações dos estudantes – uma realizada na metade do semestre e outra ao seu final – e ocorre por meio da resposta à pergunta: "Como vocês estão se sentindo nas aulas?". Segundo o professor Paulo, a primeira vez que fez essa pergunta a uma turma, num primeiro momento, "(...) o pessoal ficou calado e [depois] disse: 'Nunca ninguém perguntou como nos sentimos na aula!'". Para ele, isso foi marcante, porque considera que essa é uma questão básica que o ajuda a reformular algumas coisas, como as leituras que não deram certo, o tempo de discussão dos textos, a forma de avaliação:

> Os trabalhos (dois individuais e um em grupo) foram sugestões dos alunos do ano passado. Eu passava cinco trabalhos individuais, quase fiquei maluco! Eles foram falando e passamos para quatro, depois para três e agora para esse tipo de trabalho.[15]

---

15. Na proposta atual que consta no plano de ensino, a avaliação considera: dois trabalhos individuais, um trabalho em grupo realizado durante a aula e a participação nas aulas.

Os estudantes veem essa abertura do docente como a possibilidade de participar da organização da aula, inclusive de questionar o método de ensino:

> Foi a única matéria que deu a oportunidade para a gente questionar o método de ensino. Foi a única vez que a gente parou realmente para pensar na aula e ver que tem muita coisa errada. (Patrus, Pescom)
>
> (...) a aula foge dos padrões, o professor senta no círculo e diz: "Vamos conversar". Todo mundo tem voz na aula, não tem a relação forte de hierarquia. (Pâmela, Pescom)

O professor vê o estudante como um agente social, conforme analisa Lesne, "(...) apto a apresentar e a transmitir novas formas de agir, de pensar, de sentir, ou seja, inovações, que muitas vezes não são, no seu pleno sentido, senão para aqueles que ainda não as conhecem" (1977, pp. 32-33). Embora não se possa desconsiderar que – por mais que se busque constituir um processo de comunicação mais horizontal na aula – a relação entre professor e aluno sempre envolve poder, e que o aluno não está em total simetria em relação ao professor, este, em vez de se limitar a mudar as estratégias de ensino/aprendizagem por tentativa e erro, silenciando os alunos, ouve-os, adotando "dispositivos pedagógicos" (Bernstein 1990) por meio de regras de avaliação constituídas – na prática pedagógica – como elemento-chave para a análise do trabalho pedagógico e necessárias à recriação de conteúdos e de métodos adequados ao contexto e aos estudantes em formação.

A aula vivida: "Sair da zona de conforto"

Neste tópico analiso as aulas ministradas pelo professor Paulo com os dados levantados na observação, corroborados pela entrevista com o docente e pelo grupo de discussão com os estudantes. Da leitura dos dados emergiram três categorias que se articulam no processo da aula, justificando a opção pela análise conjunta. São elas:

- o conhecimento é construído por meio do diálogo;
- o pensar crítico alicerça a experiência dialógica;
- a relação pedagógica entre professor e alunos viabiliza o diálogo.

Essas categorias contribuem para a constituição da aula como um espaço colaborativo, favorável à construção do conhecimento assente no caráter emancipador e argumentativo da ciência que embasa o curso. Adentremos, pois, a sala de aula, conduzidos por um dos estudantes, para conhecer a experiência dialógica que se estabelece nas aulas de Pescom.

"Tem uma novidade na aula do Paulo que é a abertura ao diálogo, momento em que podemos conhecer nossos colegas, suas ideias e crescer juntos. Temos espaço para dialogar com o colega e, de repente, até o professor deixa de ser o foco" (Pedro, Pescom). O posicionamento do estudante levanta aspectos essenciais à constituição da prática dialógica em sala de aula, como a disposição do professor para abrir mão de seu centralismo na aula e para compartilhar esse espaço pedagógico com os alunos, demonstrando abertura a seus saberes, o que possibilita a construção coletiva do conhecimento e o reconhecimento de cada sujeito no grupo. Essa abertura ao diálogo seria, nas palavras de Jaspers, citado por Freire,

> (...) o indispensável caminho, não somente nas questões vitais para nossa ordenação política, mas em todos os sentidos do nosso ser. Somente pela virtude da crença, contudo, tem o diálogo estímulo e significação: pela crença no homem e nas suas possibilidades, pela crença de que somente chego a ser eu mesmo quando os demais também cheguem a ser eles mesmos. (1996, p. 116)

O diálogo é uma condição ontológica do ser humano como ser de comunicação que ensina e aprende. Ensinar e aprender, apesar da dimensão individual que envolve, são práticas sociais. O diálogo presente nas aulas ministradas pelo professor Paulo não é o diálogo pelo diálogo, esvaziado de significado, mas o diálogo argumentativo que, na visão de Habermas (1983), possibilita aos estudantes serem reconhecidos pelos outros como sujeitos de argumentação, algo fundamental num curso que tem como objetivo formar o profissional da área de comunicação com capacidade de criação, produção, reflexão, postura crítica, conforme explicitado nas Diretrizes Curriculares Nacionais do curso.

Durante as observações das aulas, pudemos acompanhar vários diálogos em torno dos textos sugeridos, possibilitando o estudo dos temas articulados nos três movimentos apresentados no plano de ensino: 1) o saber científico; 2) a lógica: formas de conhecimento, objeto científico, campo e metodologia; 3) a pesquisa-comunicação: pesquisa e processos de pesquisa.

Um desses diálogos, cujo tema foi "A ciência como vocação", de Max Weber, partiu de alguns questionamentos feitos por duas estudantes sobre o "homem da ciência" e o "homem volitivo". Esse diálogo transcorreu ampliando o estudo do texto com questões sobre a vigilância epistemológica, a ciência aplicada e a ciência fundamento, questões estas que não serão aqui exploradas, pela necessária objetividade característica de uma pesquisa científica. Não obstante, parto do pressuposto de que as práticas dialógicas vivenciadas nas aulas de Pescom apresentam características inovadoras no contexto da universidade.

Uma experiência inovadora caracteriza-se pela ruptura com processos e práticas habituais. Ao considerarmos a inovação como edificante, partimos do pressuposto de que suas bases epistemológicas estão pautadas no caráter emancipador e argumentativo da ciência emergente de Santos (1996), ou seja, referimo-nos à inovação que busca maior diálogo e comunicação com os saberes locais e com os diferentes sujeitos e que é realizada em um contexto que é histórico e social. Na aula em questão, o docente, juntamente com os alunos, procura superar o modelo baseado em aulas expositivas, o tradicional esquema transmissão/recepção de conteúdos, que reproduz o *status quo* e impede o posicionamento crítico dos estudantes. A proposta em análise é pautada no protagonismo dos alunos como parte da ideia de inovação capaz de significar o processo de ensino e aprendizagem baseado no diálogo crítico, que considera os conhecimentos do senso comum dos alunos na construção do conhecimento científico em aula.

O interessante da aula é ter a oportunidade de troca de conhecimentos entre os alunos também e não só entre professor e alunos. São pessoas de cenários diferentes, com informações diferentes, e temos uma discussão muito mais rica do que se fosse apenas aula expositiva. (Patrícia, Pescom)

A metodologia adotada pelo docente não prevê a realização de atividades em grupos, em que cada componente lê apenas o tópico que irá apresentar não se responsabilizando pelo estudo de todo o texto – um estudo fragmentado e superficial. Ao contrário, durante as aulas foi possível perceber quanto os estudantes se envolvem na discussão, realizando uma inter-relação com outros textos lidos, independentemente de obterem ou não aprovação do docente sobre seus argumentos. Contudo, a aula dialógica pode levantar dúvidas comuns nos estudantes e professores quanto ao rigor que a subjaz, visto que uma proposta assim, conforme adverte Shor, "(...) parece sem estrutura e sem rigor, enquanto a pedagogia de transferência dispunha tudo de antemão e só lhes pedia que fossem em frente passo a passo" (1986, pp. 97-98).

O professor Paulo, em outro momento dessa análise, reforçou o caráter rigoroso da aula, comparando-a a um laboratório, e provocou o debate sobre que definição de rigor é atribuída à aula de Pescom, diante do fato de que entre docentes e discentes a única definição aprendida é, conforme Shor, "(...) a autoritária, a tradicional, que estrutura a educação mecanicamente e os desencoraja da responsabilidade de se recriarem a si mesmos e à sua sociedade" (*ibidem*, p. 98). O excerto a seguir é indicativo de que o movimento nas aulas tem-se dado noutro sentido e conta com o reconhecimento dos estudantes: "Sou muito entusiasmada com a aula dele e venho com muito prazer, porque sei que vou aprender sempre, vou aprender muito, vou aprender na relação com meus colegas de curso. São muitas aprendizagens" (Pâmela, Pescom).

Para o professor Paulo,

(...) o "laboratório" tem que ser um local onde o professor e os alunos pensem, consigam ir além, com clareza de onde querem chegar. Os estudantes têm medo porque na aula, claro que tem alguém que é professor e alguém que é aluno, mas a aula deve ser o resultado de um processo reflexivo.

Para ele, a aula dialógica não prescinde da autoridade docente nem de um direcionamento das ações pedagógicas, porque "(...) se o professor é democrático, se o seu sonho político é de *libertação*, é que ele não pode permitir que a diferença necessária entre o professor e os alunos se torne 'antagônica'" (Shor e Freire 1986, p. 117). O rigor, na visão do professor, convive com a liberdade de expressão dos estudantes e sustenta-se na ideia de que pela liberdade se abre a possibilidade de ruptura com práticas reprodutoras. Na perspectiva de um estudante, esse tipo de aula exige muito mais do professor: "Exige conhecimentos e segurança para dar liberdade ao aluno de falar, argumentar, questionar e até divagar, e clareza quanto ao que ele quer, que transcende o conhecimento específico" (Pedro, Pescom).

O estudante traz à tona um debate recorrente no meio acadêmico e entre os pesquisadores sobre a formação necessária ao professor universitário. A voz do aluno, consonante com o que dizem os estudiosos, sugere que, além da sólida formação teórica em sua área de atuação, o docente deve ter a necessária formação pedagógica que lhe atribua a condição de compreender e desenvolver sua prática à luz dos fundamentos das ciências da educação. Entretanto, no atual cenário social e educacional, a docência universitária complicou-se, demandando do professor uma singular atuação sobre dois tipos de conhecimentos analisados por Cortesão (2006): o conhecimento *sobre os alunos* (de tipo socioantropológico) e o conhecimento elaborado *para os alunos*, que consiste na criação e na recriação de estratégias e métodos pedagógicos que estejam efetivamente a serviço das aprendizagens. Essas exigências são também decorrentes do processo de massificação da educação que passou a exigir do professor uma revisão de suas concepções e práticas.

No contexto da aula dialógica, a relação positiva entre professor e aluno, conforme analisa Cunha, é o "(...) campo das atitudes e dos valores, sem deixar de estabelecer relações com o cognitivo" (2001, p. 55), e está na base da construção do conhecimento que se dá num processo de interações e de relações entre os seres que habitam o espaço da aula, conferindo às suas ações um significado. No que se refere à relação pedagógica, os estudantes reforçam algumas dimensões vivenciadas nas aulas ministradas pelo professor Paulo:

> As aulas abrem mais o leque para o debate, troca de informação e de conhecimento. (Patrus, Pescom)
>
> (...) a aula do Paulo ultrapassa essa coisa do professor e aluno. Ela tem muito o aluno/aluno, que eu acho muito legal. Temos colegas extremamente inteligentes que estão lendo e vivendo outras coisas e na aula ele dá acesso a isso. (Pedro, Pescom)
>
> (...) na aula do Paulo há uma desmistificação do papel do professor como deus e coloca o cara como um ser humano comum. (Pilar, Pescom)
>
> (...) numa aula marcante para mim, ele disse que não temos que pedir desculpas por ter ideias contrárias à do outro e o outro não tem que se chatear com isso. (Patrícia, Pescom)

Para além dos conhecimentos científicos, a aula possibilita a construção de vínculos entre aluno/aluno e aluno/professor, oportunizando a esses sujeitos terem contato com experiências e saberes plurais e se posicionarem criticamente em relação ao que é dito, sem tomar esse dito como verdade absoluta, mas tendo na capacidade argumentativa a atitude de respeito pelo outro e pelo pensar do outro.

Ao criar e aplicar dispositivos pedagógicos com o objetivo de ampliar a participação dos estudantes na aula, o professor distribui o poder e os princípios de controle, que têm como base formas distintas de consciência e de prática. Para Bernstein, "(...) entre o poder e o conhecimento e entre o conhecimento e formas de consciência está sempre o dispositivo pedagógico" (1990, p. 255). Os processos inovadores lutam contra os mecanismos institucionalizados de poder e buscam alternativas para interpretar a realidade por meio da comunicação, do diálogo, da argumentação e da solidariedade.

Finalizando, é importante ressaltar que a dinâmica das aulas favorece o pensar crítico sobre os textos e sobre os argumentos dos estudantes, do professor, sobre o dito e o não dito. Em contrapartida, há resistências por parte dos alunos, que têm sua gênese no próprio sistema de ensino, como foi possível perceber no depoimento de uma estudante, participante da discussão, sobre uma das atividades propostas pelo docente, no início do semestre, e que teve como questão: "Como eu penso?". A estudante destacou o fato de um colega de sala, ao responder à questão, ter escrito que gosta de receber tudo pronto e odeia ter que ficar pensando, aspecto que ela atribuiu à "(...) zona de conforto. É cômodo receber todas as respostas" (Pilar, Pescom). As resistências por parte dos alunos podem entravar a superação da concepção de um ensino centrado no docente, transmissivo e reprodutivo, impeditivo para que eles se percebam como protagonistas da aula, como construtores do conhecimento, como expressa o excerto a seguir, captado durante uma das aulas: "A gente chega do ensino médio com uma mente fechada (...). Como fazer para enxergar, se sempre foi assim, sempre foi mastigado para a gente, como fazer para abrir nossa mente? (...) para mim é muito complicado questionar esse conhecimento, eu só aceito". Essas resistências decorrem das experiências formativas vividas pelos discentes ao longo de sua trajetória escolar em que a cultura da transmissão-reprodução imperou. Essa cultura parece estar no cerne das preocupações do professor Paulo, como expressa seu comentário abaixo, captado em uma aula observada:

> Vocês estavam fugindo do texto, mas eu acho interessante porque isso tem a ver com como a gente entende o sentido científico. O sujeito tem que duvidar, se questionar. A pesquisa pede que você problematize, duvide. Temos que entender o momento de perguntar e o momento de duvidar, e isso não é um paradoxo.

São essas experiências que imprimem às aulas observadas um caráter inovador. No entanto, no início deste tópico, o professor Paulo declarou-se surpreso com a indicação de suas aulas como inovadoras, explicitando uma concepção de inovação centrada na preocupação com a instrumentalização na aula (saber fazer, manejo de recursos didáticos, técnicas e regras didáticas), condição necessária mas não suficiente para garantir a discussão com sólida fundamentação teórica, proposta na disciplina. Essa visão, a de inovação técnica, não contribuiria para produzir, problematizar, provocar um conhecimento novo como propõe o docente. Nela, o conhecimento é entendido como "(...) um determinismo prescritivo – ele serve ao fim desejado: mudar em função de uma idéia – de progresso, de melhoria, de algo novo, porém sujeitado aos limites de um projeto pensado pela autoridade, pelo *expert* no âmbito do sistema" (Leite 1997, p. 6). Não parece ser essa a concepção de conhecimento presente nas aulas do professor Paulo. Entretanto, a questão apresentada por ele é provocadora e indica que a concepção de inovação presente na universidade ainda é vinculada à inovação reguladora e técnica em que há uma separação entre fins e meios; inovação que, conforme Santos, "(...) escamoteia os eventuais conflitos e silencia as definições alternativas" (1989, p. 157) na aplicação do conhecimento. Aspecto que reforça a relevância de pesquisas que investigam experiências inovadoras, mesmo que pontuais, na universidade.

Aula de administração de recursos humanos:[16] *"Construindo cenários pessoais e profissionais"*

O curso: Bacharelado em administração

O curso de bacharelado em administração de empresas é ofertado pela Faculdade de Economia, Administração, Contabilidade e Ciência da

---

16. A disciplina administração de recursos humanos insere-se no eixo da formação profissional, cujos conteúdos são relacionados às áreas específicas de atuação do administrador. É uma disciplina de quatro créditos, ofertada no quinto semestre,

Informação e Documentação (Face) da UnB, no diurno e no noturno, na modalidade presencial e na modalidade a distância. O currículo do curso inclui disciplinas como matemática financeira e contabilidade, com ênfase em matérias da área de humanas, tendo em vista que o administrador atua o tempo todo com pessoas, o que requer que o estudante tenha visão de futuro e saiba valorizar as potencialidades humanas.

Por essa perspectiva, as Diretrizes Curriculares do curso de administração apontam a necessidade da formação de um profissional com

(...) capacitação e aptidão para compreender as questões científicas, técnicas e econômicas da produção e de seu gerenciamento, observados os níveis graduais do processo de tomada de decisão, bem como para desenvolver gerenciamento qualitativo e adequado, revelando a assimilação de novas informações e apresentando flexibilidade intelectual e adaptabilidade contextualizada no trato de situações diversas, presentes ou emergentes, nos vários segmentos do campo de atuação do administrador. (CNE/CES, n. 4, de 13 de julho de 2005)

Trata-se de uma formação abrangente, que requer dos sujeitos envolvidos na tarefa de formar a compreensão do papel que o profissional da administração desempenha na sociedade, para pensar e desenvolver um projeto formativo contextualizado que contemple estudos teórico-práticos relacionados à ação profissional e que favoreça a relação entre formação e trabalho.

Plano de ensino: O proposto

A leitura do plano de ensino da disciplina ARH sugere a proposta de uma "pedagogia visível", com regras e critérios definidos e anunciados

---

em caráter obrigatório para os estudantes do curso de administração, com carga horária semanal de quatro horas-aula. As aulas foram desenvolvidas durante as noites de quintas e sextas-feiras, das 19 às 22h50min. A disciplina administração de recursos humanos será identificada pela sigla ARH.

prévia e explicitamente. Contudo, conforme Bernstein, "(...) o fato de uma pedagogia visível ter regras explícitas de ordem regulatória não significa que não existam regras ou mensagens tácitas (...)" (1990, p. 104), como será possível observar na análise das aulas.

Os objetivos elencados no plano são coerentes com o enfoque assumido na disciplina e se articulam às Diretrizes Curriculares para o curso, ao focalizarem a administração de pessoas como campo de estudo e trabalho. Embora a ênfase recaia na dimensão cognitiva, os objetivos expressam a preocupação em contextualizar e refletir sobre a administração na realidade brasileira, como possibilidade de ampliar o debate em torno das questões da área. Entretanto, a forma como foram elaborados não sugere a articulação teoria e prática.

Os conteúdos são organizados em tópicos focalizando estudos clássicos da disciplina, como papel e caracterização da ARH, subsistemas, gestão e planejamento, recrutamento e seleção de pessoal, treinamento e avaliação de desempenho; articulam-se aos objetivos sem deixar transparecer uma preocupação com a relação teórico-prática.

Na metodologia há indicação de aulas expositivas e participativas; estudos em grupo; seminários; leituras; resenhas; interpretação e discussão de textos e pesquisas. Embora pouco detalhada, a metodologia é diversificada e expressa uma preocupação da docente em criar situações didático-pedagógicas para promover a participação do aluno na aula.

O plano apresenta pouco detalhamento em relação ao processo avaliativo que é focalizado nas dimensões cognitiva e procedimental. Não há explicitação clara da função da avaliação, mas a proposta sinaliza uma avaliação somativa em que preponderam os resultados do desempenho dos alunos. Há indicação de procedimentos/instrumentos, como prova, seminário, pesquisa de campo e a valorização da participação do aluno, evidenciando uma preocupação da docente com seu protagonismo na aula, embora com a atribuição de um peso menor em relação ao conferido a outros procedimentos.

O cronograma restringe-se às datas especificadas para a entrega de trabalhos como resenhas e pesquisa de campo. Não há a delimitação de datas para o desenvolvimento dos conteúdos, sinalizando certa flexibilidade em relação ao tempo atribuído aos alunos no estudo dos conteúdos e na realização das atividades propostas.

A bibliografia é dividida em geral e específica dos subsistemas de recursos humanos, num total de 19 autores nacionais, com a possibilidade de utilização de textos suplementares no desenvolvimento do curso. Não há indicação de fontes eletrônicas e pesquisas científicas, como monografias, dissertações e teses, embora haja a proposta de pesquisas bibliográficas na metodologia.

O cenário: A sala de aula

A sala na qual foram ministradas as aulas de ARH fica no Prédio João Calmon. Trata-se de um cômodo em formato retangular, com as paredes de fundo e lateral esquerda pintadas de branco, a parede da frente pintada de verde e a parede lateral direita voltada para a área verde, com duas grandes portas de vidro. A iluminação artificial propiciava ao ambiente a condição necessária aos estudos no noturno. Havia grande quantidade de carteiras universitárias enfileiradas, impedindo a circulação, e uma mesa para a professora, quase nunca utilizada, tendo em vista que ela se locomovia em frente ao quadro para garantir maior interação com os alunos, aspecto relevante numa turma do noturno cujos estudantes desenvolviam atividades e estágios remunerados no diurno.

A docência: "Uma possibilidade de fazer uma transformação efetiva no mundo"

A professora Denise é bacharel em administração de empresas pela Universidade de Brasília e especialista na mesma área pela Escola Superior de Propaganda e Marketing de São Paulo. Exerce a docência como professora assistente 2 na UnB desde 1993, com uma carga horária de trabalho de 20 horas. Concomitantemente, atua como administradora em uma empresa estatal de capital aberto da área petrolífera, justificando que sua opção se deveu às precárias condições salariais oferecidas pelas universidades: "Lamentavelmente, o professor é muito mal remunerado; fui dedicação exclusiva durante muito tempo e isso trouxe alguns percalços financeiros sérios; não dá para viver do magistério". Segundo informações da Secretaria de Recursos Humanos da UnB, em agosto de 2009, de um total de 1.704 professores do quadro ativo de pessoal da carreira docente, 31 não são mestres e/ou doutores. Desses, 16 não se dedicam exclusivamente à função docente, mostrando que há uma tendência de o professor sem dedicação exclusiva não investir na formação para pesquisador, como é o caso da professora Denise, fator que impede sua inserção em comunidades acadêmicas plenas com participação no ensino, na pesquisa e na extensão, bem como na gestão da instituição.

Em contrapartida, Denise demonstra interesse pela docência desde as brincadeiras de infância, como explicita a seguir: "Quando criança brincava de escolinha e eu era sempre a professora. Eu sempre senti a necessidade de ensinar, de trocar, de me relacionar com gente. Acredito que o desempenho do indivíduo está muito baseado em orientações e numa efetiva formação". Na docência, a professora viu a possibilidade de "(...) fazer uma transformação efetiva no mundo", identificando-se com a profissão: "Apaixonei-me pela docência, acho que vou morrer fazendo isso". A professora Denise vincula a docência a algo prazeroso, uma atividade que, embora não seja vantajosa do ponto de vista salarial, como ela mesma manifestou, traz realização pessoal e possibilidade de contribuir para a formação dos jovens para a vida e a profissão. A concepção que o professor tem de docência traz implicações na forma como atua e nas atividades que desenvolve, porque estas

(...) estão alicerçadas não só em conhecimentos, saberes e fazeres, mas também em relações interpessoais e em vivências de cunho afetivo, valorativo e ético, o que indica o fato de as atividades docentes não se esgotarem na dimensão técnica, mas remeterem ao que de mais pessoal existe em cada professor. (Isaia 2006, p. 76)

Estudos realizados por Isaia (2001) e Isaia e Bolzan (2004) sugerem que as concepções de docência são compreendidas por meio de três orientações: a) implicação com a docência; b) centralismo na área específica de conhecimento; c) dimensão pessoal. A primeira destaca que os sentimentos dinamizam a docência, dando-lhe sentido e significado pessoal e profissional, perspectiva em que o docente se sente responsável pela formação profissional dos estudantes e pelo desenvolvimento do domínio específico ao qual estes estão vinculados.

A segunda orienta-se pela ênfase no conhecimento específico em detrimento do conhecimento pedagógico que possibilitaria uma sólida transposição didática do conhecimento científico para o acadêmico e deste para o profissional. No entanto, essa orientação não impede o professor de transcender a reprodução, criando condições para que os estudantes se apropriem dos conhecimentos da área de formação, aspecto que será discutido nas análises das aulas de ARH. A terceira orientação é resultante "(...) do duplo movimento proporcionado pelo sentir, que compreende simultaneamente consciência e pessoa" (Isaia 2006, p. 77). Essa orientação articulada à implicação com a docência pode levar o professor a atuar, para além da dimensão técnica, em direção à dimensão pedagógico-formativa, perspectiva que contribui para que ele se torne uma referência de professor para os alunos, num processo de "aprendizagem por influência" (*ibidem*), que parece estar na base da docência vivenciada pela professora Denise, como ilustram os depoimentos das estudantes:

> Ela mexe com a minha estrutura, toca em alguns valores que eu já tinha consolidado, ela fala algumas coisas sobre mudar o jeito de ver o mundo e nos faz pensar em coisas que não pensávamos. (Diva, ARH)

> (...) ela fala para acreditarmos nas pessoas, sermos éticos. É importante quando alguém te faz pensar não só sobre a matéria, mas sobre o que a motiva, em que você acredita e o que você quer. (Deusa, ARH)

As manifestações das estudantes sustentam o pressuposto de que a docência concebida pela professora Denise é pautada pela interrelação entre a orientação afetiva e a pessoal, imprimindo significado à sua trajetória pessoal e profissional e às trajetórias dos estudantes, no espaço-tempo da aula de ARH.

Com base nessa concepção de docência, a aula universitária é compreendida pela professora Denise como

> (...) um momento de reflexão em que existe a questão do conhecimento formal, mas este conhecimento pode ser obtido pelo aluno nos livros, na internet, nas leituras de dissertações e teses. Um momento de reflexão que nos leve a pensar nas coisas de maneira diferente e que acontece dentro de um grupo.

A professora enfatiza a constituição de um coletivo na aula para a construção do conhecimento, seu objetivo primeiro e fundamental, sobretudo como espaço de luta por melhores condições de vida, e para a construção de "cenários" pessoais e profissionais, comprometidos com as mudanças demandadas pela sociedade e pelo mundo do trabalho. Isso implica ensinar e aprender de forma colaborativa, dialógica e participativa.

No entanto, a ausência de formação como pesquisadora em cursos de mestrado e doutorado, aliada à dedicação a outras atividades laborais fora da instituição universitária, impede o desenvolvimento de pesquisas pela professora Denise: "Fundamentalmente minha questão é o ensino. E é claro que a universidade precisa desenvolver pesquisa, ensino e extensão, mas parar para fazer um doutorado significa abrir mão de uma série de coisas no mercado". A construção da identidade do professor universitário é fortemente influenciada pela produção científica ou pela realização de atividades que geram mérito acadêmico, como a pesquisa, sendo a avaliação das universidades feita com base em indicadores dessas produções científicas ou técnicas. Todavia, a professora Denise manifesta um descontentamento com as condições salariais oferecidas ao professor para desenvolver as funções basilares da universidade e se autodefine como uma "administradora que exerce a docência". De acordo com Zabalza, "(...) a docência universitária é extremamente contraditória em relação a seus parâmetros de identidade socioprofissional" (2004,

p. 107). Nós nos identificamos como professor universitário na medida em que isso nos dê grande *status* social, na direção do que expressa a professora Denise, nas narrativas a seguir: "Eu acho que ser professora tem uma valoração no meio social. Os amigos me diziam: 'Não faça isso, você vai morrer de fome'; 'Credo, ser professora, você pode ser o que quiser na sua vida'". Dessa forma, Denise se autodefine mais sob o domínio científico como administradora, profissão que atribui a ela o *status* social e as condições salariais e materiais condizentes com a função que exerce como profissional de um campo científico (Bourdieu 2003), que difere do campo em que atua como docente.

Por essa perspectiva, a docência desenvolvida pela professora Denise é preferencialmente pautada pelos conhecimentos específicos de sua área de formação como administradora, que a identificam com os profissionais da área, e não pelos conhecimentos sobre a docência que a levariam a identificar-se com os colegas professores. Talvez resida aí o isolamento sentido por ela na instituição, conforme expressa: "Há perseguição à minha pessoa desde que entrei na UnB e isso contribuiu para eu procurar outra opção de trabalho". Nesse contexto de isolamento, o ensino para ela se configura como a possibilidade de ruptura com a solidão docente por meio das relações que estabelece com os alunos, o que a leva a se considerar uma "educadora da andragogia": "Eu tenho algumas características como professora e a mensagem que eu quero passar não é simplesmente ensinar um conteúdo; então, eu preciso de alunos mais maduros para tratar de assuntos importantes sobre o mundo e o trabalho". Na sala de aula, Denise se fecha à incompreensão e ao mesmo tempo ganha autonomia para exercer a "docência com liberdade", lugar que, conforme Correia e Matos, "(...) se apresenta como um espaço trans-hierárquico que 'protege' aqueles que o habitam de qualquer questionamento 'exterior'" (2001, p. 99).

Há, por parte da professora Denise, uma identificação com a docência, que pode ser vista como seu projeto de vida, ao passo que a dedicação à área de administração configura-se como seu projeto profissional, nela havendo maior investimento e dedicação de tempo. No entanto, isso não anula o compromisso e o desejo de promover um ensino inovador. A sala de aula transforma-se no lugar de refúgio, onde professora e alunos desenvolvem a aula para a formação profissional humanizada e ética na universidade.

A aula concebida: "Acontece de forma minuciosa..."

Incentivada a falar como as aulas de ARH são planejadas, a professora Denise ressaltou que o planejamento ocorre de forma minuciosa, antes de iniciar o semestre letivo: "Mas eu os revejo nos sábados, eu preciso estar em contato com o meu plano de ensino. No sábado eu planejo a semana". O planejamento é orientado pela ementa que é entregue pela coordenação do curso: "Eu cumpro a ementa que não é feita por mim e que faz parte do projeto pedagógico do curso, mas eu agrego temáticas atuais e necessárias à formação do administrador e busco novas metodologias de ensino". A professora evidencia grande preocupação com o "como", ou seja, com a metodologia como elemento de intervenção didática. Conforme Veiga, "(...) não há como defender que professores e alunos sejam sujeitos conscientes de sua ação pedagógica e protagonistas da aula se não se muda, ao mesmo tempo, entre outros elementos, a metodologia de ensino" (2008, p. 281).

A atualização da metodologia aliada ao conteúdo favorece a adequação da aula às especificidades dos alunos – a seus interesses, a suas experiências pessoais e profissionais e a sua maturidade. Embora constitua uma preocupação de professores e especialistas, a relação conteúdo-forma no processo de ensino nem sempre é privilegiada no planejamento da aula, principalmente na universidade. A consideração dessa relação pela professora Denise evidencia que o processo de ensino é concebido por uma abordagem da relação conteúdo-forma, vinculada ao contexto educacional e social.

Denise considera a disciplina muito pesada, porque os textos da área de administração apresentam um conteúdo denso; assim, para favorecer a aproximação dos alunos ao objeto de conhecimento, a docente privilegia no desenvolvimento das aulas metodologias de ensino que incentivem a participação dos estudantes e ao mesmo tempo sejam lúdicas e prazerosas, como filmes, músicas e brincadeiras. Ela lamenta o fato de a universidade não oferecer condições materiais para o desenvolvimento do ensino: "As funções da universidade são pesquisa, extensão e ensino. Onde estão as condições de ensino que atende em torno de 20 mil alunos?". A crítica é corroborada pelos alunos, como ilustra a fala a seguir: "Às vezes estamos adorando a aula, mas a cadeira não ajuda, dá uma dor na coluna. Precisamos de uma estrutura material melhor" (Denia, ARH). As precárias condições físicas e materiais das universidades brasileiras são consequência da redução de recursos para a educação superior, a partir da década de 1990, no contexto das políticas neoliberais que interferiram e ainda hoje interferem na autonomia das universidades, comprometendo o alcance dos objetivos educativos. Esse cenário das universidades nos leva a refletir sobre em quais condições os docentes estão desenvolvendo experiências inovadoras, na maioria das vezes isoladas e sem articulação com o projeto político-pedagógico da instituição e do curso, mas que podem sinalizar caminhos para a construção de novas abordagens no ensinar, no aprender, no pesquisar e no avaliar.

A professora Denise afirmou que a cada dez dias realiza uma avaliação das aulas, enfocando "(...) o que os alunos gostaram ou não, o que foi válido ou não foi e o que precisa ser modificado. A avaliação me dá um *feedback*"; ela ressalta que a experiência de anos de docência fez com que desenvolvesse a sensibilidade e a capacidade de perceber quando uma aula foi boa ou não: "Depois de algum tempo em sala de aula, o professor que tem uma visão crítica do trabalho consegue verificar se a aula agradou ou não". Os saberes provenientes de sua experiência na profissão docente servem de base na construção de parâmetros para avaliar a aula. Nesse processo, o professor interioriza conhecimentos, crenças, valores e competências que favorecem a reorganização do trabalho pedagógico por meio do *feedback* que a avaliação oferece.

A aula universitária é um importante espaço de formação humana e profissional e não pode ser realizada de forma espontânea e improvisada; ela requer, por parte do professor, clareza quanto às intencionalidades da instituição em relação à formação profissional – objetivos, conteúdos, técnicas e métodos adequados a essa formação –, e em relação à avaliação como orientadora de todo o processo – de sua concepção à execução –, aspectos estes que parecem orientar as aulas de ARH concebidas pela professora Denise.

A aula vivida: "Relação estudos teóricos e ação profissional"

"À noite, eu estou cansado, mas venho; na aula de ARH, eu venho" (Diego, ARH). A fala do estudante nos introduz no espaço-tempo das aulas de ARH, as únicas analisadas nesta pesquisa que se desenvolveram no turno noturno. A análise das inovações que nelas ocorreram se fundamenta em três pressupostos: a) a relação entre estudos teóricos e ação profissional aproxima os alunos do campo de atuação; b) o tempo e o espaço da aula são ressignificados na dimensão pedagógica; c) o vínculo entre professora e alunos favorece a criação de um ambiente de aprendizagens.

Antes, porém, é preciso apresentar o perfil dos estudantes, procurando identificar os fatores que interferem na forma como interagem e aprendem na aula. A maior parte dos alunos da turma desenvolve atividades remuneradas no diurno e frequenta a universidade à noite. É um público com experiências, necessidades e expectativas educativas diferenciadas, demandando uma organização da aula que atenda a sua especificidade. A abertura da UnB no noturno se insere num movimento que visa garantir o acesso a uma camada da população historicamente excluída, em decorrência da concepção elitista da universidade que privilegiava pessoas provenientes da classe social média-alta. Para Zabalza (2004), esse processo de massificação tem exigido uma reconfiguração do espaço universitário no sentido de pensar:

- nas necessidades de grupos maiores e heterogêneos;
- na pouca motivação para estudar, tendo em vista que o estudo se torna uma tarefa árdua para o aluno trabalhador;
- na necessidade de contratar e formar novos professores;

- na menor possibilidade de organizar as práticas profissionais em condições favoráveis, dificultando sua articulação às teorias estudadas – um empecilho à introdução de inovações na universidade.

Os fatores advindos da massificação na universidade não impediram que a professora Denise recorresse a processos ativos para promoção da aprendizagem por meio de "(...) dispositivos de diferenciação pedagógica" que, para Cortesão, são "(...) caracterizados por relacionar os saberes curriculares com problemas sentidos e com valores, problemas e conhecimentos que os alunos possuem, decorrentes de sua socialização no grupo de origem" (2006, p. 82). São dispositivos que visam favorecer a construção de aprendizagens mais significativas,[17] a partir da abertura da cultura universitária erudita às culturas locais, contribuindo para que os estudantes possam desenvolver-se criticamente em relação aos contextos social e de trabalho e definir, como ressalta a docente, "cenários pessoais e profissionais" que possibilitam inclusive a participação mais consciente na vida acadêmica.

No contexto da aula, a capacidade de decisão dos alunos é favorecida pela condição de pessoas adultas que traçam seus projetos de vida e sabem o que querem e esperam da universidade. Nas aulas observadas, não havia "entra e sai" de alunos, toques de telefones móveis e estudantes dispersos lanchando, isso numa sala que acomodava uma turma com mais de 40 alunos, com cadeiras desconfortáveis e recursos de ensino que não funcionavam (retroprojetor) – condições precárias agravadas pelo cansaço de um dia de trabalho.

Assim, o que imprime à aula de ARH um sentido inovador? Porque, conforme os estudantes,

---

17. A aprendizagem significativa é discutida por Sánchez Iniesta (1995), com base nas ideias de Ausubel. Nelas, as aprendizagens dos alunos incorporam-se a sua estrutura de conhecimentos de modo significativo, ou seja, aos conhecimentos prévios, seguindo uma lógica com sentido e não arbitrariamente.

(...) ninguém falta à aula, acho que mesmo se não houvesse chamada, todos viriam porque sentimos prazer. Nessa aula aprendemos. (Deusa, ARH)

(...) a aula não depende de o lugar ser bom ou não ser bom, depende do estímulo e, se ele for reforçado, pronto, transforma-se numa aula boa! (Denis, ARH)

A inovação nas aulas ministradas pela professora Denise caracteriza-se pela busca de estratégias intencionais e planejadas para alterar processos conservadores de ensino e aprendizagem e por um pensamento alternativo que favorece o aprender com prazer, conforme ilustram os depoimentos acima. É um tipo de inovação que considera a diversidade dos alunos e cria mecanismos para atender a essa diversidade. Nesse processo, a docente reconhece e valoriza o papel da universidade no sucesso e no insucesso dos alunos, enquadramento teórico apontado por Cortesão (2006) como de um professor "intermulticultural", que desenvolve a aula tendo como pressupostos as questões a seguir analisadas e que imprime a ela um caráter inovador, na construção do conhecimento no curso de administração.

Na aula, a relação entre os estudos teóricos e a ação profissional aproxima os alunos do campo de atuação. A forma como a docente articula as teorias da administração favorece essa aproximação e expressa uma preocupação em repensar o papel do administrador, historicamente pautado pelo desempenho técnico – voltado para práticas de treinamento, recrutamento, seleção, supervisão e controle de pessoal –, resultante das exigências do contexto social e econômico em que a profissão surgiu.

A figura do profissional de recursos humanos surge na Europa, no início do século XX, com a missão de minar a pressão sindical, decorrente dos movimentos de proteção dos trabalhadores que reivindicavam direitos trabalhistas. Segundo a professora Denise, o administrador atuava "como um amortecedor sindical, com características de vigilância, controle férreo, coerção e manipulação". No Brasil, a profissão de administrador é relativamente nova e foi regulamentada em 9 de setembro de 1965. Nas aulas foi possível perceber que a professora procura desconstruir a imagem meramente técnica, historicamente constituída, desenvolvendo os conteúdos da área com a perspectiva de humanização da profissão, como manifesta a estudante a seguir: "A professora enfatiza que temos que nos preocupar com conceitos, teorias, mas que a ARH é a pessoa, tudo que envolve pessoas. Então, começamos a pensar e a perceber outras relações da profissão" (Daniela, ARH). Essa perspectiva de formação procura articular a profissão ao contexto social mais amplo. A profissão determina e é determinada pelas mudanças que ocorrem na sociedade, pelas escolhas que os futuros profissionais farão e pelo "campo científico" da área (Bourdieu 2003).

Durante as aulas pude observar a enfática insistência da professora para que os estudantes definissem cenários para suas vidas: "Vocês já foram ver as possibilidades de trabalho para o administrador no serviço público ou privado no Distrito Federal?". A professora Denise atua como administradora em uma empresa de grande respeitabilidade no mercado nacional e internacional; sua expressão, na perspectiva de Bourdieu, "(...) leva a marca, no conteúdo e na forma, das condições que o campo considerado assegura àquele que o produz, em função da posição que ocupa" (*ibidem*, p. 160), a da autoridade científica (capacidade técnica e poder social), conquistada no exercício da profissão, que lhe atribui *status* profissional. Denise incentiva os estudantes a acreditar que, mesmo num mercado competitivo, há lugar para quem possui *expertise*, como ilustram os depoimentos dos alunos:

> Eu saio da aula pensando coisas sobre minha vida, minha carreira, eu me sinto privilegiada por estar na universidade. (Deise, ARH)

> (...) eu me sinto mais confiante, tenho conhecimentos e estou refletindo com uma visão mais ampla do que estou fazendo e me estimula a concluir o curso e me inserir no mercado. (Diogo, ARH)

Parece não haver dúvidas quanto à influência do "campo científico" na formação do profissional, na universidade e, consequentemente, na aula; as manifestações dos estudantes demonstram como a docente os incentiva a se aproximarem do "campo" para conhecer e apreender as particularidades e possibilidades da carreira que, em Brasília – considerada uma cidade administrativa –, são maiores no serviço público. Contexto em que o "campo científico", conforme conceito perfilhado por Bourdieu (2003), é alterado em virtude de que servidores públicos, regidos por um regime jurídico único, adquirem a estabilidade no emprego e não se veem premidos a entrar em lutas concorrenciais específicas do "campo" para o qual os estudantes foram formados: o de uma profissão liberal.

As mudanças sociais, econômicas, educacionais e do mundo do trabalho, ocorridas nos últimos anos, têm demandado dos professores universitários revisão de suas práticas à luz das novas condições de exercício profissional. Nessa conjuntura, "(...) o objetivo da docência é melhorar os resultados da aprendizagem dos alunos e otimizar a formação" (Zabalza 2004, p. 190), exigindo melhor adequação dos cursos e dos métodos de ensino às diferenças de "(...) modos e estilos de aprendizagem dos alunos e aos diversos interesses profissionais" (*ibidem*). Nesse contexto, para atender às características, às expectativas e às necessidades diferenciadas dos adultos trabalhadores, na aula de ARH o tempo e o espaço são ressignificados na dimensão pedagógica.

A aula ocorre em um espaço físico, geográfico e num tempo cronológico determinado. Entretanto, por ser uma atividade humana intencional e planejada, essas dimensões não podem ser vistas apenas de forma neutra; é preciso que sejam transformadas em tempos e espaços pedagógicos que repercutam em melhores processos de ensinar, aprender, pesquisar e avaliar.

Historicamente, o tempo escolar é tratado de maneira artificial, incorporado e organizado pela razão humana como resultante de um movimento social de racionalização do trabalho, defendido por Taylor, próprio das relações capitalistas que se estabeleceram no final do século XIX, em que subjaz uma política social de controle, identificada por Foucault (1995) como de planificação panóptica e taylorista do espaço escolar. A consideração do tempo-aula apenas na dimensão quantitativa expressa uma concepção de tempo cíclico, histórico, constituído pela soma dos eventos humanos, questionada nas aulas de ARH, como nos mostra o excerto a seguir: "'Tempo' é uma palavra especial para recursos humanos e precisamos pensar se é o tempo que controla o homem ou é o homem que controla o tempo. A noção de tempo fragmentado é fundamental para o entendimento do homem na atual sociedade. O tempo não pode controlar-nos" (professora Denise).

Nas aulas de ARH, a dimensão temporal quantitativa transforma-se em tempo qualitativo que expressa uma concepção de tempo como possibilidade, como enfrentamento das certezas e incertezas do conhecimento e do trabalho. De acordo com Veiga (2008), essa transformação possibilita a construção de conhecimentos, atitudes e habilidades, e de interações; é o tempo-aula que gere os conteúdos, os métodos, as técnicas e a avaliação.

O tempo da aula pode ser entendido ainda como "tempo de empenho", que, segundo Gauthier (*apud* Puentes e Aquino 2008, p. 113), "(...) representa a proporção de tempo durante o qual os alunos prestam atenção à aula e se empenham na tarefa com o fim de aprender". "Tempo de empenho" vivenciado pelos estudantes, como podemos apreender dos depoimentos a seguir:

> Lemos 40 páginas numa boa, ficamos na aula durante 1 hora e 40 minutos e não é maçante. Ficamos do início ao fim, a professora integra todo mundo, olha para os alunos. (Daniela, ARH)

> (...) as aulas nos motivam a ler os textos, correr atrás. Adoramos essa aula, chegamos animados e ficamos do começo ao fim. (Diva, ARH)

Essas posturas são resultantes da transformação do tempo cronológico da aula em tempo pedagógico e desmistificam a ideia de que o estudante universitário do noturno não interage, não participa na construção da aula; quando isso ocorre, vários fatores podem estar interferindo, sendo a qualidade das aulas o mais determinante deles.

Em relação ao espaço da aula, Escolano nos diz que esse "(...) não é apenas (...), um cenário planificado a partir de pressupostos exclusivamente formais, no qual se situam os atores que intervêm no processo de ensino-aprendizagem para executar um repertório de ações" (2001, p. 26). A aula é um lugar onde professor e alunos convivem, se movimentam, dialogam, discutem, questionam, ensinam, aprendem, pesquisam e avaliam. O sentir-se bem nesse espaço pode estar condicionado à sua arquitetura, à disposição e à qualidade do mobiliário, aos recursos de ensino e a condições ambientais como iluminação e ventilação, aspectos que devem ser observados no planejamento da aula e garantidos pela instituição, tendo em vista ser a aula um dos espaços de formação da universidade. No entanto, essas condições parecem distantes das realidades das universidades brasileiras, como manifestou um estudante: "Não se pode falar em estrutura física e material; na UnB essa é uma questão que parece não se resolver tão cedo. O quadro de nossa sala está desgastado, foi escrito com pincel atômico e a tinta não sai; ainda assim a aula é boa" (Diogo, ARH). Mesmo com essas condições é possível afirmar que professora e alunos transformam o espaço físico da aula em espaço pedagógico ao transmitir valores, conteúdos e estímulos que favorecem as interações e as relações, promovendo a aprendizagem.

Na aula, o aluno ocupa um espaço pedagógico, constatação feita por meio da observação da preocupação da docente em criar mecanismos de participação dos alunos, no estudo de conceitos complexos da área da administração que envolviam movimentação, jogos e brincadeiras, no microespaço da sala de aula que comportava cerca de 40 alunos, professora e pesquisadora. Numa dessas aulas em que se discutia a "organização racional do trabalho", a docente solicitou a alguns alunos que realizassem movimentos repetitivos em frente ao quadro-branco, acompanhando os comandos dados por ela. Ao término das atividades, ela incentivou os alunos a se posicionarem, estabelecendo relações com os conceitos estudados no texto, e problematizou: "Como fica o tempo fragmentado quando remetemos isso ao mundo organizacional de hoje? Como nos relacionamos com o trabalho? Que tipo de trabalho vocês vislumbram?". Ao contextualizar o ensino, a professora aproxima os alunos do campo de atuação profissional e da realidade vivida por eles, estabelecendo na aula uma relação entre o estudo e o trabalho na sociedade atual. Os estudantes permaneciam na aula e, ao se integrarem com a docente, transformavam o tempo cronológico e o espaço físico, um aspecto marcante das experiências inovadoras na universidade e também um desafio para professores e alunos, porque são eles os sujeitos que realizam e transformam as ações nesse tempo-espaço, imprimindo significados de acordo com suas experiências pessoais, culturais e educacionais.

A aula como espaço privilegiado de formação precisa transformar-se a partir das dimensões técnica, conceitual, ética e humana da profissão em um lugar de formação. A constituição do espaço da aula em um lugar que concretize a formação pessoal e profissional na universidade, conforme Cunha, é possível quando "(...) extrapolamos a condição de espaço e atribuímos um sentido cultural, subjetivo e muito próprio ao exercício de tal localização" (2008, p. 184). Como lugar, a aula é construída pelos sujeitos singulares que a ela imprimem significados por meio de relações e interações, como as vivenciadas nas aulas de ARH.

Na aula, a relação professor-aluno favorece a criação de um ambiente de aprendizagens. Essa relação é condição fundamental para que a aula seja um encontro dialógico com as presenças de sujeitos singulares que trazem para esse espaço um cabedal de saberes, experiências, culturas, valores, crenças que significam a aula e nela são ressignificados, cujas referências comuns são os objetivos que esperam alcançar. Alguns depoimentos de alunos chegam a condicionar a qualidade da aula à atuação do professor, o que é coerente, porque a aula expressa concepções de sociedade, educação e homem, revelando o compromisso e o perfil pessoal e profissional do docente, embora não prescinda dos desempenhos e perfis dos alunos.

A aula não é uma ação pedagógica neutra; ela é profundamente influenciada pelas características do professor. Nesse sentido, as palavras dos alunos são ilustrativas:

> Para mim a disciplina é o professor, se ele não entrosar... Quando o professor é bom, a aula fica boa e temos mais interesse. Uma coisa está atrelada à outra. (Deise, ARH)
>
> (...) chama-me a atenção a coerência entre o que ela fala e pratica. (Diva, ARH)

(...) na aula o estilo da professora faz muita diferença. Ela diz: "Vocês vão conseguir, não desistam!". Ela nos motiva até nas coisas que parecem mais difíceis. (Denis, ARH)

Há, entre os alunos e os professores, expectativas em relação à atuação em aula, assim como há expectativas da instituição em relação a esses sujeitos e estas se articulam com os objetivos educativos anunciados nos projetos pedagógicos. Chama a atenção nas falas dos estudantes a forte vinculação entre o desempenho docente e a materialização da aula, as formas de comunicação. As manifestações afetivas e emocionais são condições organizativas do trabalho docente, e é exatamente essa interação que favorece o alcance dos objetivos de ensino, justificando sua ênfase na análise de inovações, na aula universitária.

A autoridade profissional da professora é também muito valorizada pelos alunos:

Quem vai dar aula deve conhecer muito o assunto; é o mínimo que se espera porque impõe respeito, sentimos segurança. (Daniela, ARH)

(...) na aula temos a expectativa de aprender com o professor. Ele deve ter conhecimentos a mais e estimular o aluno a construir o conhecimento, a pesquisar, a procurar respostas. (Deusa, ARH)

Para Libâneo, "(...) a autoridade profissional se manifesta no domínio da matéria que ensina e dos métodos e procedimentos de ensino, no tato em lidar com a classe e com as diferenças individuais, na capacidade de controlar e avaliar o trabalho dos alunos e o trabalho docente" (1993, p. 252). São aspectos que tornam complexa a atividade docente e reforçam a importância de uma formação que articule conhecimentos científicos e didático-pedagógicos para o desempenho da atividade, atendendo às expectativas dos estudantes, da instituição e da própria sociedade.

Mesmo não tendo a formação pedagógica para o exercício da docência universitária, Denise construiu na prática saberes que lhe possibilitam fazer a transposição didática dos conteúdos, como ilustram os estudantes:

> Ela consegue apresentar o tema e torná-lo acessível a todos. Essa didática podia ser adotada em outras aulas. (Diogo, ARH)
>
> (...) ela aplica técnicas que funcionam muito bem, tem ótima didática e oratória. A aula dela aborda os textos e muito mais; acrescenta tanto que não dá para ficar só nos textos. (Denis, ARH)

A "didática" praticada pela professora Denise é resultante das experiências na profissão, na sala de aula, no convívio com alunos e professores e de um processo de reflexão sobre seu trabalho: "Quando comecei a lecionar, eu podia até não saber exatamente o que eu tinha que fazer, mas sabia o que eu não queria fazer. E comecei a refletir: será que não existe uma maneira melhor de fazer isso? Posso não ter a melhor maneira, mas estou constantemente procurando". A prática pedagógica desenvolvida por Denise apresenta características da "práxis criadora" que, conforme Vázquez (1977), exige consciência em todas as etapas do trabalho: no início, ao traçar o planejamento, e ao longo do processo. Segundo o autor, "(...) disso resulta que uma rica e complexa criação exigiria uma maior atividade da consciência, já que a problemática ou a improbabilidade do processo e a incerteza quanto ao resultado obrigam-na a intervir constantemente" (*ibidem*, p. 291).

O desenvolvimento do trabalho docente, aliado ao processo reflexivo, leva a professora Denise a questionar sua prática, bem como a ausência de programas institucionalizados de formação continuada dos professores:

> A UnB peca por não ter um programa de capacitação. Parte-se do pressuposto de que, se o professor tem mestrado ou doutorado, ele está pronto e não é bem assim. A formação agrega valor, favorece o pensar, o refletir; precisamos estar em constante movimento para atuar em sala de aula.

Denise chama a atenção para uma questão fundamental no exercício da docência universitária: a formação continuada do professor no espaço concreto da instituição, baseada nos problemas e questões que emergem da sala de aula. Uma formação que, conforme Imbernón (2009), tenha como requisitos organizativos:

- normas assumidas coletivamente e na prática;
- clareza quanto aos objetivos da formação e apoio aos esforços do professor para mudar suas práticas;
- formação permanente mais adequada, acompanhada do apoio necessário, durante o tempo que for preciso, e que se direcione para mudanças curriculares no ensino, na gestão da sala de aula, com o objetivo de melhorar as aprendizagens dos alunos.

Para isso, necessária se faz a construção coletiva de um projeto político-pedagógico que tenha a formação como um de seus eixos orientadores, processo que parece estar instaurando-se no âmbito da Universidade de Brasília.

Aula de patologia veterinária:[18] "Disciplina, liberdade e interação com objetivos de aprendizagem"

O curso: Medicina veterinária

O curso de medicina veterinária ofertado pela Faculdade de Agronomia e Medicina Veterinária da Universidade de Brasília objetiva preparar o profissional com perfil para atuar nas áreas de saúde pública

---

18. A disciplina patologia veterinária, de oito créditos, é oferecida no terceiro semestre, em caráter obrigatório, para os estudantes do curso de medicina veterinária. A carga horária semanal é de oito horas-aula, sendo quatro horas destinadas às aulas teóricas e quatro, às aulas práticas. As aulas teóricas do curso foram desenvolvidas durante as manhãs das terças e quartas-feiras, das 10 às 12 horas, e as aulas práticas às quartas-feiras à tarde, das 14 às 18 horas, no segundo semestre de 2008.

veterinária, inspeção e tecnologia de alimentos, zootecnia e reprodução animal, e proteção ao meio ambiente, que envolve o trabalho com animais silvestres e o planejamento de programas públicos para o setor. Esse perfil é consonante com o que preceituam as Diretrizes Curriculares dos cursos de graduação em medicina veterinária (CNE/CES, n. 1, de 18 de fevereiro de 2003), que focalizam, na formação, competências e habilidades voltadas à atenção com a saúde, tomada de decisões, comunicação, liderança, administração e gerenciamento, e educação permanente.

O artigo 12 das DCNs aponta aspectos que devem ser considerados pelas instituições formadoras na estruturação do curso, com destaque para a utilização de situações didático-pedagógicas que viabilizem o ensino-aprendizagem, permitindo ao estudante conhecer e vivenciar experiências diversificadas de vida, da organização da prática e do trabalho em equipe multiprofissional, aspectos privilegiados nas aulas de patologia veterinária, objeto de investigação nesta pesquisa.

Plano de ensino: O proposto

O plano de ensino da disciplina patologia veterinária apresenta, do ponto de vista didático, uma estrutura incompleta, com os itens na seguinte ordem: cronograma, avaliação, bibliografia e orientações para as aulas práticas. Os objetivos e a metodologia, elementos imprescindíveis ao planejamento de um curso, não são apresentados, suscitando o questionamento sobre o que orientou a definição da avaliação da aprendizagem e dos conteúdos elencados no cronograma, uma vez que, conforme Freitas (1995), estes se encontram em relação aos objetivos/avaliação. A não identificação de objetivos no plano sugere um planejamento de curso sem as formulações das quais derivam as intenções relacionadas à formação que se pretende. Os objetivos são os orientadores de todo o processo didático, e sua omissão sinaliza uma indefinição quanto ao tipo de competência e habilidade esperado dos estudantes, como resultante da intervenção didática. Na mesma direção, a ausência da metodologia sinaliza uma fragilidade interna ao plano, porque o método de ensino é o caminho que indica as ações conscientes e sistematizadas para favorecer o trabalho pedagógico desenvolvido por professor e alunos e, consequentemente, o alcance dos objetivos que expressam o desenvolvimento dos formandos.

O cronograma apresenta os conteúdos divididos em 34 aulas teóricas e 15 aulas práticas, com indicação das datas e destaque para os dias em que ocorrerão as provas teóricas e a prova prática. Após o cronograma, são apresentadas orientações detalhadas para as aulas práticas relativas ao espaço em que serão realizadas, constituição de grupos de trabalho, vestimentas adequadas para proteção do aluno durante as necropsias, bem como atestado de vacinação, materiais necessários e advertências quanto à necessidade de os alunos estarem atentos aos conteúdos teórico-práticos.

A avaliação da aprendizagem é feita por meio de quatro provas teóricas que valem 15% cada e uma prova prática que vale 25%, com a seguinte distribuição de pontos: 5% voltados para o trabalho do grupo – sendo 2,5% relacionados à técnica e 2,5% relacionados ao relatório de necropsia – e 20% direcionados aos aspectos do desempenho individual, explicitado pela condição do aluno em articular teoria e prática. Embora não haja a indicação da função que a avaliação assume, é perceptível a ênfase na dimensão quantitativa, ou seja, na avaliação somativa. O destaque para a articulação entre teoria e prática na avaliação do desempenho dos alunos reforça a importância atribuída a essa categoria nas aulas de patologia veterinária, em conformidade com o que apontam as DCNs (2003) em seu artigo 12, a ser analisado posteriormente.

A bibliografia recomenda livros e periódicos com prevalência de produções nacionais. Há apenas três indicações de autores estrangeiros de um total de 15 referências. Não há indicação de trabalhos científicos, como monografias, dissertações e teses.

A análise do plano de ensino revela, conforme Bernstein (1990), uma "pedagogia visível", com regras de ordem regulatória: hierárquicas, que estabelecem explicitamente[19] modos de comportamento, vestimentas

---

19. As relações de poder presentes na relação pedagógica são muito claras. Na observação das aulas, foi possível perceber que o professor atua diretamente no

dos alunos e condições para a realização das aulas com a possibilidade de negociação; regras instrucionais explícitas de sequenciamento,[20] com a definição de um cronograma que indica a ordenação dos conteúdos que serão desenvolvidos, e que implicam regras de compassamento, ao delimitar o tempo destinado ao estudo de cada tema; e regras criteriais, que enfatizam e declaram o desempenho esperado do aluno, perceptível no detalhamento dos critérios avaliativos.

O cenário: Entre a sala de aula e o laboratório

As aulas teóricas de patologia veterinária foram observadas no Hospital-Escola de Grandes Animais da Granja do Torto – UnB/Seapa.[21] A sala improvisada para as aulas do curso de medicina veterinária era pouco ventilada e iluminada artificialmente, dispondo de carteiras universitárias e uma pequena mesa para o professor. Como materiais de suporte às aulas havia um quadro-branco pequeno, muito utilizado pelo professor para registros e desenhos, um aparelho de projeção multimídia e um computador portátil, equipamentos indispensáveis às aulas em que o docente realizava a exposição de imagens relacionadas aos animais e às características das patologias estudadas.

---

contexto da sala de aula e do laboratório, sobre os estudantes, organizados em grupo ou individualmente (Bernstein 1990).

20. As regras de sequenciamento regulam o desenvolvimento do aluno, possibilitando-lhe conhecer o que se espera dele, e podem estar inscritas em "(...) listagens de conteúdos, em currículos, em regras de comportamento, em regras de prêmio e castigo (...)" (Bernstein 1990, p. 99).

21. Em funcionamento desde 2001, o hospital é dividido em duas unidades: o Hospital-Escola para Animais de Grande Porte, localizado na Granja do Torto, e o Hospital-Escola de Pequenos Animais, instalado no próprio *campus* da UnB. Na primeira unidade, fruto de uma parceria entre a UnB e a Secretaria de Agricultura, Pecuária e Abastecimento do Distrito Federal (Seapa/DF), os alunos cuidam de animais de produção, como bois, carneiros, ovelhas e porcos. Na segunda, tratam de animais domésticos, como cães e gatos, com serviços de vacinação, clínica geral, exames, raios X, cirurgias e castrações.

As aulas práticas foram observadas no laboratório do Hospital-Escola de Pequenos Animais, localizado no *campus* da UnB. As paredes do laboratório eram de divisórias brancas e o piso era de cimento. Havia grandes janelas e uma porta que favoreciam a ventilação necessária durante as necropsias; a iluminação era boa, porém complementada por lâmpadas elétricas. Havia no laboratório mesas de necropsias; entretanto, não existiam cadeiras necessárias para o momento final da aula destinado a leitura e análise dos relatórios das necropsias, exigindo dos professores, alunos, estagiários e pesquisadores a permanência em pé, encostados nas paredes e nos armários durante todo o tempo.

A docência: "O acaso acabou me levando, mas passei a gostar..."

O professor Martinho teve sua primeira experiência no magistério da educação superior, em 1995, ministrando aulas de histologia em uma instituição privada no estado de São Paulo. Manifestou que, "(...) inicialmente, pensava em trabalhar com meu próprio negócio, mas quando comecei a fazer residência e depois o mestrado, comecei a me aproximar da área da docência, sem nunca ter pensado diretamente nisso. O acaso acabou me levando". Por ser a medicina veterinária uma profissão liberal, é natural que Martinho, num primeiro momento, tenha pensado em exercê-la em consultórios, clínicas e/ou laboratórios e tornar-se um profissional reconhecido pela comunidade científica. Segundo Cunha e Leite, "(...) a construção do perfil valorativo de cada grupo acadêmico tem as particularidades próprias daquele grupo. Mas é também evidente que há uma constância entre grupos de comunidades diferentes, mas da mesma natureza profissional" (1996, p. 37). Assim, a intenção primeira do professor Martinho expressa o valor apregoado pela comunidade científica às profissões liberais, na medida em que esta atribui importância ao desempenho profissional fora da universidade, visto como um fator que pode contribuir para construir a imagem e a reputação profissional; no entanto, essa intenção foi revista pelo docente a partir de sua aproximação ocasional do magistério.

Nessa perspectiva, a docência não foi para Martinho uma opção deliberada e pensada inicialmente; deu-se "ao acaso", não havendo uma formação para seu exercício pautada na articulação entre o conhecimento específico e os conhecimentos pedagógicos relativos às ciências da educação. Entretanto, há indícios de que o professor desenvolveu um saber prático, fruto de sua experiência com os alunos e com outros professores: "A marca registrada de cada professor vem com o passar do tempo (...). Eu passei da cópia do trabalho de outros colegas para a criação de minha própria linguagem e forma. Acho isso natural, porque bons exemplos devem ser seguidos". Nesse caso, conforme analisa Tardif, "(...) a prática profissional torna-se um espaço original e relativamente autônomo de aprendizagem e de formação (...), bem como um espaço de produção de saberes e de práticas inovadoras" (2002, p. 286). Expectativa que demanda um projeto pedagógico do curso e da instituição, como indica Veiga, que "(...) propicie uma revisão profunda do processo formativo na perspectiva de fortalecer ou instaurar inovações no interior da universidade (...)" (2004, p. 91). Um projeto que promova a constituição de um campo de trabalho favorável à produção de saberes, na relação com os pares, elegendo a formação como um de seus eixos, para que as experiências inovadoras na universidade não sejam individualizadas, mas construídas nas interações que os docentes estabelecem uns com os outros, num processo de reconfiguração do exercício da docência pelo profissional que mobiliza conhecimentos específicos para ensinar, aprender, pesquisar e avaliar, na universidade.

O professor Martinho cita acima a construção de saberes emergentes da experiência que o apoiaram na criação de uma "linguagem" e de uma "forma" próprias no exercício da docência, modo que constitui, na visão de Nóvoa (2007), a "segunda pele profissional", por representar o estilo próprio de cada professor para organizar as aulas, relacionar-se com os estudantes, lançar mão de meios didático-pedagógicos que o fazem identificar-se como professor. Esse processo identitário pressupõe o exercício da atividade docente com autonomia, com certo controle do trabalho que desenvolve, com a tomada de decisões sobre o que, como e a quem ensinar.

Em 2005, Martinho foi aprovado em concurso público realizado pela Faculdade de Agronomia e Medicina Veterinária da UnB, na especialidade anatomia patológica veterinária. No momento de levantamento dos dados desta pesquisa – segundo semestre de 2008 –, ele atuava como professor adjunto 2. O docente justificou sua opção pela universidade pública em virtude da autonomia pedagógica que esse espaço oferece para o exercício da docência: "O sistema da universidade privada é um massacre, muita pressão e pouca autonomia". A autonomia, conforme Contreras, é um processo de busca permanente, "(...) alimentada pela análise da própria prática, das razões que sustentam as decisões e dos contextos que as limitam ou condicionam" (2002, p. 202). Procurando ultrapassar as circunstâncias desfavoráveis, na opinião do professor Martinho, a um maior investimento na carreira docente, a universidade pública mostrou-se para ele o campo propício ao desenvolvimento do ensino, da pesquisa e da extensão. No bojo da análise das circunstâncias, a autonomia foi um dos elementos determinantes para sua escolha do espaço de exercício da docência, um espaço capaz de transformar as condições institucionais e sociais do ensino.

Nesse cenário, a docência universitária é entendida pelo professor Martinho como "(...) a forma de ser e atuar, que se dá não só como aquele que fornece conhecimento técnico, mas também demonstra um caráter, responsabilidade, que demonstra algo mais. O professor tem que gostar muito do que faz e fazer com prazer e não por obrigação". O sentido atribuído à docência reforça que, ao exercê-la, o professor manifesta uma forma de ser e atuar, expressão do modo como articula o pessoal e o profissional; na visão de Isaia, pressupõe "(...) que o mesmo é uma pessoa que se constrói nas relações que estabelece com os outros que lhe são significativos, com a história social que o permeia e com sua própria história" (2001, p. 35), e sua forma de atuar expressa aspectos do ser pessoa e do ser professor que podem interferir positiva ou negativamente na formação profissional e para a cidadania. A aula universitária configura-se, então, como um espaço de construção de vínculos pessoais, acadêmicos e profissionais, sem, contudo, perder de vista os objetivos de aprendizagem, como demonstra o professor

Martinho no excerto a seguir: "O conhecimento técnico passa a ser muitas vezes secundário; às vezes a interação é mais rica se o professor dá a oportunidade, deflagra uma discussão importante na aula sempre com objetivos de aprendizagem". As "oportunidades" a que se refere o professor podem ser entendidas como "dispositivos de diferenciação pedagógica" que, segundo Cortesão (2006), podem ser definidos pela necessidade que o professor tem de reinventar sua prática pedagógica em cada contexto educativo – em face da progressiva massificação e da consequente heterogeneização dos alunos da educação superior –, e que nos incitam a conhecer como a aula é por ele concebida.

A aula concebida: "Parte de um modelo simples, mas sempre atualizado..."

Ao falar sobre como as aulas de patologia veterinária são planejadas, Martinho declara que a experiência de vários anos com a docência permite-lhe ter uma estrutura mental da aula que parte de um modelo simples, mas que "é modificado periodicamente à medida que novos conhecimentos importantes surgem e precisam ser trabalhados com os alunos". Essa atualização é orientada pelos resultados de pesquisas coordenadas por ele; Martinho exemplifica a seguir a forma como estes interferem em suas aulas: "Algumas doenças não existiam; a leishmaniose foi diagnosticada pela primeira vez em Brasília pelo nosso laboratório. A partir daí tornou-se uma questão premente e foi inserida nas aulas, como uma temática a ser estudada". Na preparação das aulas, o professor Martinho considera questões e problemas que emergem da conjuntura social para a formação acadêmica, caracterizando uma preocupação com a contextualização dos conteúdos que repercute na formação profissional articulada aos interesses da comunidade local. Nessa visão, conforme explicitou o docente, a aula tem um caráter "contemporâneo":

> Tem doenças, temas que foram importantes em determinadas épocas e deixaram de ser em outras. Então, eu não posso continuar com aquele planejamento *velhinho* elaborado quando a doença não

existia. É nesse sentido que eu falo da importância e do impacto do planejamento na formação do aluno.

A consideração do caráter contemporâneo da aula expressa uma preocupação em abolir a velha "sebenta", muito utilizada no ensino expositivo. Conforme Cortesão, "(...) esta situação consubstancia uma preocupação com a reprodução do saber (pondo em evidência a necessidade da posse de uma certa erudição científica) e contribui (...), para a reprodução sociocultural" (2006, p. 85). Nesse enfoque, o professor restringe-se a comunicar, a transmitir os conhecimentos aos estudantes, que são vistos por ele como um grupo homogêneo, a quem cabe o papel de receptores, perspectiva em que o professor assumiria uma atitude classificada por Cortesão de "daltônica".[22] No entanto, não é esta a atitude do professor Martinho; ao reconhecer a dinamicidade do conhecimento de sua área de atuação, ele procura atualizá-lo com base nos resultados de pesquisa, caracterizando-se, conforme denomina Cortesão (*ibidem*), como um profissional capaz de elaborar e produzir respostas às diferentes situações educativas, um professor "intermulticultural".

O professor Martinho declarou que, no início de sua carreira docente, se preocupava mais com os conteúdos do que com a forma como estes eram desenvolvidos. Aos poucos foi revendo isso e considerando que, em algumas situações, a forma pode ser até mais importante, no sentido de dar mais significado aos conteúdos, ou seja, ele foi percebendo que é mais produtivo selecionar os conteúdos e a metodologia de fato relevantes no processo de formação dos profissionais e que favoreçam o aprofundamento e a atualização: "Nós, professores, temos que pensar um pouco na formação local e global, o que é mais importante na comunidade, onde as pessoas vão atuar e no país. Eu procuro sempre inserir esses conhecimentos nas aulas, as minhas atualizações vão nesta direção". O

---

22. Em contraposição, o professor não "daltônico cultural" considera a heterogeneidade presente na universidade e na sala de aula e caracteriza-se como um professor "intermulticultural".

professor procura promover a recontextualização pedagógica[23] primária que, na perspectiva de Bernstein, "(...) se refere ao processo pelo qual novas idéias são seletivamente criadas, modificadas e transformadas, e no qual discursos especializados são desenvolvidos, modificados ou transformados" na sala de aula (1990, p. 90), com vistas à construção de um projeto de formação profissional mais amplo e contextualizado para atender ao perfil de profissional especificado nas DCNs (2003), com competências e habilidades voltadas a atenção à saúde, tomada de decisões, comunicação, liderança, administração e gerenciamento e educação permanente.

Na preparação das aulas teóricas de patologia veterinária, Martinho seleciona imagens que favorecem a apropriação pelos alunos dos conteúdos relativos às doenças estudadas. Ele mantém um arquivo de fotografias ao qual sempre recorre na preparação dos *slides* que enriquecem a exposição e que, na visão das estudantes, são um importante recurso de ensino:

> Ele não coloca todo o texto nos *slides*; quando isso acontece o aluno nem faz questão de prestar atenção e como são disponibilizados antes da aula não ficamos preocupados em copiar e sim em completar com nossas impressões; isso atrai o aluno para as aulas. (Milena, patologia veterinária)

> (...) o uso de imagens aliado aos exemplos dados por ele nos ajuda a associar o conteúdo ao dia a dia. (Marta, patologia veterinária)

O professor reserva os cadáveres e/ou órgãos de animais para as aulas práticas de laboratório, sendo as imagens importantes recursos

---

23. O conceito de campo de recontextualização pedagógica é desenvolvido por Basil Bernstein (1990) e refere-se ao espaço que gera os enquadramentos, as possibilidades e os próprios espaços da teoria pedagógica, da pesquisa educacional e das práticas educativas. No trabalho de Bernstein são teorizados dois campos de recontextualização pedagógica dos textos dos sistemas educativos: o campo oficial de recontextualização e o campo pedagógico de recontextualização, constituindo o que o teórico designa por "quê" e "como" do discurso pedagógico.

educacionais, no momento da exposição oral, articulados aos objetivos de ensino e não utilizados como um fim em si mesmos.

Para as aulas práticas de laboratório, o professor propõe a criação de um ambiente com disciplina e ao mesmo tempo com liberdade para garantir a interação entre estudantes, professor, pesquisadores e monitores, sempre com objetivos de aprendizagem, como enfatiza a estudante: "Há troca de experiências, vivências, conteúdos entre aluno e professor. Não é só chegar, falar e o aluno ficar recebendo" (Marina, patologia veterinária). O professor Martinho concebe a aula prática como um espaço da articulação do conteúdo teórico com a prática, por meio da realização de necropsias em animais de pequeno e grande porte com o objetivo de diagnosticar patologias, bem como as possíveis causas que levaram esses animais à morte. Para isso, ao pensar o desenvolvimento das aulas, o professor as concebe por meio da organização de cinco grupos fixos de estudantes que fazem rodízio de funções no grupo como redação, abertura do cadáver, exame de bloco de órgãos. Essa organização visa possibilitar a todos os alunos a vivência concreta de técnicas fundamentais da necropsia.

Quanto à avaliação das aulas, Martinho declarou que sua percepção em relação ao alcance ou não dos objetivos propostos para cada uma ocorre durante a discussão dos relatórios de necropsias com os alunos, momento em que observa o grau de abrangência e profundidade das análises feitas, aspectos que indicam o nível de participação dos alunos e a qualidade da necropsia realizada, levando-o a rever ou prosseguir no planejamento das aulas seguintes.

Ao planejar a aula, o professor Martinho evidencia a preocupação com uma organização do processo de ensino que tem como base a aplicação edificante do conhecimento que, conforme Santos (1996), favorece a articulação do conhecimento científico com o social e considera que todo conhecimento científico natural é científico-social e é também local e global. Essa forma de organização do processo de ensino oportuniza o desenvolvimento dos conteúdos, temáticas e fenômenos relacionados ao campo de estudo da patologia veterinária, articulando-o ao contexto do Distrito Federal e entorno, e do Brasil de forma atual, significativa e participativa.

A aula vivida: "Relação teoria-prática, um atrativo a mais ou a repulsa total..."

Na análise das aulas de patologia veterinária, parto de dois pressupostos que imprimem a elas um caráter inovador na construção do conhecimento, na universidade: o primeiro pressuposto é de que o conhecimento teórico se relaciona com o conhecimento prático nas necropsias realizadas no laboratório, favorecendo a formação do médico-veterinário com perfil apontado pelas DCNs (2003). O segundo pressuposto é de que, na aula, a participação ativa dos estudantes sugere a adoção de um enfoque globalizador do ensino que rompe com o ensino demonstrativo, transmissivo e reprodutor, comum nas aulas de laboratório.

As perspectivas teórico-metodológicas que estão na base dessas experiências alteram o esquema tradicional de ensino universitário, focado na transmissão oral ou escrita de informações pelo professor e na recepção mecânica pelo aluno com o intuito de reproduzi-las, visão positivista pautada na racionalidade técnica, concepção epistemológica que estrutura a formação acadêmica do profissional no desenvolvimento da capacidade de resolver problemas de seu cotidiano de trabalho, utilizando instrumentos técnicos e a aplicação de teorias, numa relação dicotômica entre teoria e prática.

A inovação na aula, conforme Lucarelli (2000), sinaliza ruptura com o estilo didático conferido pela epistemologia da racionalidade técnica e implica a consideração do aluno como sujeito do conhecimento, que passa a assumir protagonismo nos processos educativos que ocorrem nesse espaço de formação humana e profissional. Ainda de acordo com a autora, a experiência inovadora pressupõe "(...) uma relação dinâmica entre teoria e prática, para além da simples relação de aplicação à qual esta última parece destinada na rotina curricular ou das aulas" (*ibidem*, p. 64), promovendo o questionamento de práticas repetitivas, com a adoção da práxis criadora em que professor e alunos, diante de situações inusitadas no contexto concreto da aula, inventam ou criam frequentemente novas soluções. Conforme analisa Vázquez (1977), nesse processo não há repetição ou imitação, porque as novas necessidades criadas pelo homem anulam as soluções encontradas. No entanto, "(...) a repetição se justifica enquanto a própria vida não reclama uma nova criação" (*ibidem*, p. 267).

Nas aulas de patologia veterinária, as atividades práticas mostram-se sempre abertas à revisão em virtude da dinamicidade do conhecimento da área em constante reformulação, com base na produção científica do professor e de pesquisadores do setor.

O professor Martinho destaca que a articulação entre teoria e prática é uma das categorias principais da disciplina patologia veterinária, argumentando que essa forma de trabalho não é comum em todos os cursos/instituições: "Eu aprendi assim e tenho influenciado colegas a fazerem o mesmo, porque o resultado é sensacional. É importante para o profissional ter a formação básica do médico-veterinário; ele passa a entender um pouco mais o impacto das lesões e das doenças sobre os animais". Para Vázquez, a atividade teórica ganha sentido "(...) por e em relação com a prática, já que nela encontra seu fundamento, seus fins e critério de verdade" (*ibidem*, p. 232). Por mais que a atividade teórica transforme conceitos, percepções, representações e possibilite a criação de hipóteses, teorias, regras e leis, não é em si uma forma de práxis porque em nenhum desses casos se transforma a realidade.

Para o professor Martinho, "a natureza da disciplina favorece a relação teoria e prática e isso é um atrativo a mais ou a repulsa total, porque requer o contato com os cadáveres e o odor nem sempre é agradável". Esse é um aspecto que pude vivenciar e sentir nas observações das necropsias. O odor que exalava dos cadáveres inundava o ambiente, o que, num primeiro momento, parecia insuportável, mas, com o transcorrer das atividades, dos estudos e das discussões dos grupos, minha atenção foi desfocada para as experiências de aprendizagens ricas e diversificadas em torno do objeto em estudo. Como demonstram as estudantes nos depoimentos a seguir:

> Nós aprendemos o tempo todo na aula e tudo o que aprendemos conseguimos associar agora e conseguiremos também no futuro como profissionais. (Marina, patologia veterinária)

(...) outro sentido da necropsia é que você está vendo o que aconteceu com o animal e poderá prever em outros animais. (Milena, patologia veterinária)

(...) acho muito boas as aulas de laboratório, porque temos a oportunidade de colocar em prática a teoria que vemos nas aulas e quem quiser especializar-se em patologia acaba aprendendo muita coisa. (Marta, patologia veterinária)

As visões das estudantes enfatizam a relevância das atividades práticas para a formação profissional do médico-veterinário, reforçando o pressuposto de que, em articulação com os fundamentos teóricos, elas podem desencadear processos inovadores de ensino e aprendizagem na aula.

Outro aspecto que sinaliza um processo inovador nas aulas de patologia veterinária é o "enfoque globalizador do ensino". É uma proposta de atuação de professor e alunos em aula que, na discussão proposta por Sánchez Iniesta (1995), se pauta num modo de organização do processo de ensino e aprendizagem que favorece a participação ativa dos alunos, provocando seus interesses e respostas diante das aprendizagens propostas. A participação do aluno em seu processo de aprendizagem propicia a existência de relações entre os conhecimentos prévios e os que são propostos na aula, "(...) construindo significados e atribuindo um maior sentido ao aprendido, ou seja, realizando aprendizagens significativas" (*ibidem*, p. 25). Nesse processo, a compreensão adquire mais importância do que a acumulação de informações, regras e teorias; os novos conhecimentos relacionam-se com os conhecimentos anteriores dos alunos nas aulas de necropsia em que os estudantes fazem mais do que observar: eles se aproximam criticamente do objeto do conhecimento para explorá-lo, analisá-lo e interpretá-lo à luz dos referenciais teóricos estudados, como veremos a seguir.

A aula observada desenvolveu-se com 30 estudantes divididos em quatro[24] grupos de trabalho, sendo cada grupo responsável pela

---

24. A organização do trabalho pedagógico inicialmente prevê a divisão dos estudantes em cinco grupos, mas, diante da inexistência de material (cadáver), houve uma

necropsia de um cão. Durante os cortes dos cadáveres, os estudantes eram orientados e acompanhados por estagiários do curso de biologia e estudantes de mestrado e doutorado.[25] O professor Martinho mediava o trabalho transitando entre os grupos e chamando a atenção dos estudantes para aspectos pontuais e distintos, observados nos cães, ocasião em que sugeria registros fotográficos e incentivava, dizendo: "Quero um laudo bem caprichado!". Os grupos trabalhavam com autonomia e segurança, demonstrando conhecimento das técnicas de corte dos órgãos, e o docente, que não se ausentava da aula, permanecia atento ao processo, aproveitando todas as situações e descobertas dos alunos para explorar conceitos, teorias e procedimentos.

O docente, ao desenvolver o ensino no enfoque globalizador, conforme Sánchez Iniesta, "(...) assume o papel de mediador, de um profissional criativo e experiente, que ajuda a criar situações ricas em possibilidades de aprendizagem, ajustando o processo de reconstrução que implica na relação entre o aluno e os conteúdos sobre os quais ele atua" (1995, p. 28). Esse processo contribui para a constituição do ensinar e do aprender, pautada na relação pedagógica aluno/professor/ conteúdo por meio do diálogo e das interações, exigindo um professor que, conforme Cortesão (2006), é educador flexível e investigador que proporciona meios de aquisição de conhecimentos, de poder e de exercício da cidadania a seus alunos, um professor com o perfil "intermulticultural".

Durante a realização das necropsias, os estudantes elaboram um relatório organizado com as seguintes etapas: o histórico do animal; o exame macroscópico; o exame dos conjuntos (são sete conjuntos organizados por órgãos do corpo do animal); o diagnóstico

---

reorganização dos grupos. Há sempre a preocupação do docente em não deixar de realizar a aula prática. Para isso, procura armazenar um estoque de animais congelados. Entretanto, nem sempre isso é possível; há dependência da zoonose e de clínicas particulares para a disponibilização do material.

25. Equipe de apoio às aulas de laboratório, composta por biólogos, estagiários e orientandas de mestrado e doutorado do professor.

microscópico e a conclusão final. Por uma questão didática, o relatório apresenta uma divisão em conjuntos para facilitar a compreensão dos alunos que progressivamente vão abandonando a divisão e realizando um diagnóstico mais global do animal. O registro do processo de construção do conhecimento por meio do relatório de necropsia promove a participação dos alunos, suscitando seus interesses e favorecendo a análise, a organização, a compreensão e a síntese do caso estudado. Na perspectiva do enfoque globalizador de ensino, essa prática favorece a reorganização dos conhecimentos que permitem aos alunos intervir na realidade. Tem, portanto, uma dimensão transformadora das situações complexas que emergem no contexto da aula e que requerem uma organização e uma sistematização dos conhecimentos construídos durante as atividades de necropsia.

A aula de necropsia objetiva a aprendizagem de técnicas e procedimentos, sobretudo a relação entre teoria e prática, que foi também observada no segundo momento da aula, de leitura e análise do relatório. Esse momento, na opinião do professor Martinho,

> (...) é um dos ápices. Mais do que o conteúdo ministrado, o importante é saber juntar tudo isso na aula. Não adiantaria nada os alunos realizarem o procedimento técnico e os porquês não serem respondidos. O momento da apresentação do relatório é a hora de explicar os porquês, a vida é movida pela curiosidade. Este é um momento de muito aprendizado.

A aula universitária é um espaço-tempo que ganha vida com as relações que nela ocorrem: relações de poder, de conhecimento, de conflitos, de certezas e de incertezas. Ao ganhar vida, a aula passa a ser movida pela curiosidade que, na visão de Freire, impulsiona e sustenta o exercício da docência ética, garantindo o clima pedagógico democrático na sala de aula: "(...) sem a curiosidade que me move, que me inquieta, que me insere na busca, não aprendo nem ensino" (1998, p. 95). Movidos pela curiosidade, os alunos leem o histórico do animal, descrevem os aspectos encontrados e apontam o possível diagnóstico. Esse processo é seguido de intervenções do professor com perguntas direcionadas aos estudantes, que retomam os conteúdos teóricos estudados. As causas das mortes são discutidas com o levantamento de hipóteses que são posteriormente confirmadas ou refutadas pelos estudantes. Há o reconhecimento dos alunos quanto à significância do relatório no processo de aprendizagem, como ilustram os excertos a seguir:

O professor dá muita importância ao momento de discussão dos relatórios, muito mais do que à própria necropsia. Tanto que nas discussões ele abrange várias áreas da veterinária: farmacologia, fisiologia. Ele não passa só a parte patológica. É muito interessante, é um grande momento de aprendizagem. (Milena, patologia veterinária)

O professor frisa que temos que saber escrever no relatório informações que possibilitem a uma pessoa que não participou da necropsia compreender quais as alterações apresentadas no animal. Acho que talvez isso seja o mais importante, a gente saber identificar o que é importante e o que não é na necropsia para podermos comunicar aos outros profissionais do laboratório. (Mateus, patologia veterinária)

Assim, é possível identificar, por meio das observações das aulas e das falas dos estudantes, aspectos que se articulam com o enfoque globalizador do ensino, analisado por Sánchez Iniesta (1995), como:

- a organização da aula de maneira que permita aos alunos movimentarem-se livremente pela sala, a fim de buscar os recursos materiais necessários à realização das atividades e o intercâmbio com os outros grupos de trabalho, favorecedor da construção coletiva do conhecimento;
- a apresentação de critérios organizativos claros que permitam aos alunos estabelecer as relações entre os objetivos definidos para a aula e os conteúdos propostos, bem como com as atividades que se desenvolvem na aula;

- a criação de espaço na aula para os alunos exporem o resultado de seu trabalho à turma, favorecendo a socialização do conhecimento e a autoavaliação de seu processo de aprendizagem.

As experiências vivenciadas pelo professor e pelos estudantes nas aulas de laboratório pressupõem uma leitura plural do objeto de estudo, articulando as dimensões do processo didático: ensinar, aprender, pesquisar e avaliar, discutidas por Veiga (2004). No processo didático observado, essas dimensões se relacionam na dinâmica interna da sala de aula, com vistas à transformação de percepções, conceitos e teorias. A forma como a teoria é articulada à prática nas aulas de laboratório favorece a compreensão e a discussão crítica dos conteúdos estudados, tendo em vista um projeto de formação profissional articulado ao campo científico do médico-veterinário. A preocupação do professor Martinho com a apropriação dos discursos do campo científico da medicina veterinária foi percebida durante a leitura da expressão "mama empedrada", por um aluno, ocasião em que ele se manifestou: "Essa é a linguagem do 'Zé da roça'. O veterinário deve usar a linguagem técnica: mama avolumada". Conforme Bourdieu (2003), a competência científica outorgada socialmente ao profissional é também avaliada pela sua capacidade de empregar a linguagem técnica, os jargões da área que atribuem a ele a autoridade para atuar legitimamente, no campo científico. Essa preocupação do docente indica como os processos de ensino e aprendizagem que ocorrem na universidade relacionam-se com os valores defendidos pelos campos científicos. De acordo com Bourdieu (*ibidem*), nesse campo estão envolvidos, além do monopólio da autoridade científica (capacidade técnica e poder social), a competência científica para, no caso do curso em questão, exercer a profissão com autoridade e de maneira autorizada em clínicas veterinárias, laboratórios, universidades e outros espaços sociais.

Nas aulas de patologia veterinária, professor e alunos articulam os conhecimentos, mobilizando-os nas práticas desenvolvidas, nas perspectivas de Freire e Shor em que "(...) o objeto não é, porque ele está se tornando" (1986, p. 104); os conceitos, as teorias, as impressões são ressignificados na relação com o objeto e com os outros sujeitos presentes na aula: estagiários e pesquisadores; o conhecimento cria e anima os objetos enquanto são estudados e a aula de laboratório contraria a forma tradicional de ensino nesse espaço em que habitualmente se privilegiam a demonstração pelo professor e a observação e a descrição do objeto pelos alunos. Assim, é possível afirmar que há um processo inovador constituindo-se no espaço-tempo da aula de patologia veterinária. Esse processo se articula ao que propõem as DCNs (2003) para o curso de medicina veterinária, no que se refere à utilização pelo professor de situações didático-pedagógicas que viabilizem o ensinar e o aprender, oportunizando ao estudante conhecer e vivenciar experiências diversificadas de vida, da organização da prática e do trabalho em equipe multiprofissional.

3
A AULA UNIVERSITÁRIA: INOVAÇÃO TÉCNICA OU EDIFICANTE?

As políticas educacionais em curso no Brasil, desde a década de 1990, reguladas pelo mercado e fortemente marcadas pela avaliação externa, tendem a definir um modelo único de qualidade, a padronizar processos e produtos, a estimular a competitividade em busca da eficiência e da produtividade, quase sempre medidas pela quantidade de pesquisas, produções científicas e participação em eventos do professor universitário. Isso implica a secundarização de outros espaços de construção/produção de conhecimento nas universidades, como o da aula, que, conforme Veiga; Resende e Fonseca (2000, p. 175), "é o *locus* produtivo da aprendizagem, que é, também, produção por excelência. O resultado do ensino é a construção do novo e a criação de uma atitude questionadora, de busca e inquietação, sendo local de construção e socialização de conhecimento e cultura". Essas políticas contribuem para intensificar o trabalho do professor, podendo gerar um imobilismo no corpo docente e afetar os processos de ensino e aprendizagem na sala de aula.

Na contramão desse movimento, existem focos de resistência indicando que ele pode ser atenuado com práticas pedagógicas inovadoras no ensino, na direção de que "incentivar o processo de inovações é agir contra um modelo político que impõe, não raras vezes, a homogeneização como paradigma" (Cunha 2001, p. 18). Foi com o intuito de identificar e analisar processos inovadores nas aulas universitárias, que rompem com práticas conservadoras e instituídas de ensinar, aprender, pesquisar e avaliar, que enveredei pelo caminho da docência universitária, com o objetivo de refletir sobre a aula universitária como inovação técnica ou como inovação edificante.

As aulas foram desenvolvidas em espaços convencionais, como salas de aula, e não convencionais, como academia, jardim, laboratório e ludoteca, e transformaram-se em novas possibilidades, para a formação humana e profissional, de construção/produção do conhecimento que ocorre em encontros dinamizados pela relação e pela interação entre docentes e estudantes que criam, recriam, vivem e dão vida à aula universitária.

Mesmo considerando a impossibilidade de indicar aspectos conclusivos e padronizadores referentes à aula universitária – que se realiza em um contexto que é histórico e social, portanto, humano (Santos 1995), dinâmico, complexo e multirreferencial –, é chegado o momento de alinhavar os "fios da meada" e apontar caminhos possíveis para a construção da pedagogia universitária ou de pedagogias, levando-se em consideração a afirmação feita por Araújo (2008, p. 27) de que "não se pode afirmar que a pedagogia universitária seja uma só em termos de princípios e diretrizes, ou mesmo que tenha tido uma estrutura organizativa em um estabelecimento definido, que lhe desse sustentação". As muitas pedagogias universitárias são resultantes de sua constituição ao longo dos séculos em que ela se fez, se consolidou e se refaz permanentemente, considerando a dinâmica e a pluralidade de concepções e práticas presentes na universidade e na sociedade.

Este estudo focalizou aulas inovadoras que sinalizam rupturas com o conhecimento como regulação, historicamente adotado na universidade, e tratam o conhecimento como emancipação; são, na verdade, "outras formas de conhecimento surgidas da prática de pensar e de agir dos inúmeros segmentos da sociedade ao longo de gerações que, por não serem caracterizadas como científicas, são desprovidas de legitimidade institucional" (Santos 1995, p. 209). Assim, acredito que as experiências inovadoras na aplicação do conhecimento, vivenciadas por professores e alunos participantes deste estudo, lançam luzes sobre a constituição do campo da pedagogia universitária, compreendendo, assim como Cunha e Leite (1996, p. 83),

> (...) que é inútil pensar o processo de produção e disseminação do conhecimento na universidade como um processo monolítico, em que o que acontece em uma área facilmente poderá acontecer em outra. Parece não ser possível pensar numa pedagogia universitária que se organize numa mesma lógica.

Na direção do que pensam as autoras, este capítulo objetiva apontar e refletir sobre os princípios e as relações que orientam a organização, o desenvolvimento e a avaliação das aulas consideradas inovadoras, considerando as influências das diferentes ideias pedagógicas em sua configuração, sem a intenção de apresentar um "modelo ideal" de aula.

Embora tenha sido possível apreender das experiências observadas um movimento de ruptura com a forma de lidar com o conhecimento, ainda não é possível afirmar que nelas se dê a "ruptura epistemológica" analisada por Santos (1995), pelas seguintes razões:

1. Encontramo-nos em uma fase longa e de resultados imprevisíveis de transição paradigmática da ciência moderna para uma ciência emergente. Nesta fase, não há como afirmar que a ruptura esteja consolidada. Como o próprio autor esclarece, ela está em processo de emergência, de constituição por meio de pensamentos alternativos em busca do conhecimento como emancipação (Santos 1995).
2. Nas aulas, professores e alunos, ao reconfigurarem os conhecimentos, promovem a primeira ruptura paradigmática,

ou seja, ultrapassam a concepção de que o conhecimento, para ser científico, precisa romper com o senso comum. Os docentes partem do senso comum, dos conhecimentos prévios dos estudantes e do contexto onde se realiza o objeto de estudo, e estabelecem relações com outros tipos e formas de conhecimento. No entanto, não há a segunda ruptura, por meio da qual se dariam a assimilação e a transformação do senso comum, que passaria a ser esclarecido com base em uma ciência prudente que proporcionaria "(...) uma nova configuração do saber (...), um saber prático que dá sentido e orientação à existência e cria o hábito de decidir bem" (Santos 1989, p. 41).

3. Ainda tomando como base as discussões de Santos (1996) e Veiga *et al.* (2000), é preciso considerar que a ruptura com o paradigma dominante da ciência moderna no seio da universidade demanda um projeto político-pedagógico, construído coletivamente, que favoreça a constituição de práticas inovadoras institucionalizadas. As inovações percebidas nas aulas são individuais, focalizadas, na maioria das vezes vivenciadas num contexto de universidade em que "(...) as paredes são grossas para permitir o diálogo" (Correia e Matos 2001, p. 106).

É possível afirmar que, nas aulas observadas, há uma "ruptura criativa da educação passiva", que, conforme Shor e Freire (1986, p. 142), se configura como "um momento estético e político, porque exige que os alunos 're-percebam' sua compreensão anterior e que, junto com o professor, pratiquem novas percepções como aprendizes criativos"; uma ruptura quanto à forma de tratar o conhecimento com respeito aos princípios predominantes na constituição da aula como espaço-tempo de formação humana e profissional. Assim, as análises indicam que as aulas são orientadas pelos seguintes princípios:

a) Autonomia – A autonomia é construída e incentivada visando à superação de formas de pensar e agir que entravam a consecução de um ensino emancipatório, princípio que, para Freire (1998, p. 66), "é um imperativo ético e não um favor que podemos ou não conceder uns aos outros". A autonomia é incentivada nas aulas quando os professores criam mecanismos de participação dos estudantes, discutem o plano de ensino e dividem a responsabilidade por sua execução e avaliação; a perspectiva é a formação de cidadãos críticos, reflexivos e autônomos, que possam atuar na sociedade, nela intervindo e a ela transformando.

O professor que busca nos processos de ensino e aprendizagem construir a autonomia do sujeito em formação pauta seu trabalho pela prática dialógica num exercício de abertura ao outro, respeitando as diferenças, construindo conhecimentos, questionando, problematizando. O mundo do trabalho tem, cada vez mais, exigido profissionais com autonomia, com controle sobre o processo produtivo, que possam decidir, criar e recriar. Assim, o princípio da autonomia deve estar na base dos processos formativos desenvolvidos na universidade, por ser este o espaço privilegiado de formação humana e profissional.

b) Contextualização – A contextualização dos conteúdos na aula universitária favorece a interdisciplinaridade e a compreensão dos vínculos entre a teoria e a prática, num processo de reflexão que cria a possibilidade de transportar o estudante para o mundo concreto em que vive. Na direção do que discute Tufano (2002, p. 41), "(...) contextualizando tentamos colocar algo em sintonia com o tempo e com o mundo, construímos bases sólidas para poder dissertar livremente sobre algo, preparamos o solo para criar um ambiente favorável, amigável e acolhedor para a construção do conhecimento".

No desenvolvimento do currículo de forma contextualizada, os professores que inovam consideram questões e problemas que emergem da conjuntura social e do contexto dos alunos, caracterizando uma preocupação com o conhecimento, articulado aos interesses da comunidade local e global. Essa perspectiva se articula aos anseios dos estudantes que percebem e criticam a justaposição nos conteúdos das diversas áreas do conhecimento na universidade, que, na análise de Santomé (1998), é decorrente da compartimentalização das universidades em faculdades e dessas em departamentos. O isolamento tem contribuído para a formação de profissionais impermeáveis ao diálogo e ao trabalho coletivo e que desconsideram as dimensões globais da sociedade e do mundo em que vivemos, trabalhamos, convivemos.

c) Dialogicidade – O diálogo argumentativo durante as aulas possibilita a professores e alunos serem reconhecidos pelos outros como sujeitos de argumentação, com capacidade de criação, produção, reflexão e criticidade (Habermas 1983). A prática dialógica, ao mesmo tempo em que favorece a compreensão e a aproximação dos sujeitos que fazem a aula, promove o confronto de ideias, teorias, regras e técnicas, transformando o ensinar e o aprender numa experiência comunicativa, argumentativa, questionadora e com o rigor necessário à aula democrática.

d) Diversidade – A democratização do acesso à educação superior a um maior número de jovens e adultos fez com que a universidade fosse aberta a todas as camadas sociais, demandando do professor a revisão de concepções e práticas para atuar num contexto marcado pela diversidade cultural, expressa por etnias, valores, experiências, crenças e ideias. Para exercerem a docência respeitando a diversidade cultural os docentes pesquisados recorrem a "dispositivos de diferenciação pedagógica", analisados por Bernstein (1990), e caracterizam-se como professores "intermulticulturais", que, na visão de Cortesão (2006, p. 75), são capazes "de elaborar respostas às diferentes situações educativas (...)" – como as que emergiram na complexidade das salas de aula da universidade pesquisada, que vive uma situação de massificação e heterogeneização, característica do atual momento das universidades.

e) Ética – Conforme Freire (1998, p. 36), "a necessária promoção da ingenuidade à criticidade não pode ou não deve ser feita à distância de uma rigorosa formação ética (...)". Considerando que a formação na educação superior deve promover a transição da consciência ingênua para a consciência crítica, a ética entendida como princípio fundamental das relações sociais, criação histórico-cultural, constitui-se como essencial aos processos formativos que nesse espaço se dão. Dessa forma, seria incoerente pensar uma aula inovadora que não se organizasse, não se desenvolvesse, nem fosse avaliada de forma ética. As aulas observadas neste estudo foram pautadas por relações éticas; as diferentes formações sociais e culturais não impediram a instituição de relações interpessoais e intersubjetivas, de comportamentos que garantiram a integridade física e moral dos sujeitos que protagonizam a aula e a constituição de um grupo social com objetivos comuns.

A relação ética foi percebida: no reconhecimento pelos professores e pelos alunos dos outros como sujeitos iguais; na criação de situações que proporcionaram a todos a deliberação e a decisão sobre os rumos do trabalho pedagógico; nos processos avaliativos; na condição que professores e estudantes tiveram de se assumir como autores das ações, avaliando as consequências de suas escolhas; na liberdade que vivenciaram para fazer opções individuais e coletivas.

f) Integralidade – Para Santos (2003, p. 74), "a excessiva parcelização e disciplinarização do saber científico faz do cientista um ignorante especializado e isso acarreta efeitos negativos". Os docentes participantes desta pesquisa parecem reconhecer os malefícios da fragmentação e do reducionismo arbitrário do conhecimento e buscam atenuar as barreiras impostas pelo conhecimento disciplinado que reforçam as fronteiras entre as disciplinas. Na área da saúde (medicina e odontologia), questiona-se a hiperespecialização do saber médico-odontológico, buscam-se novos modelos explicativos e defende-se a constituição da medicina-arte, que ensina os médicos e odontólogos a lidar com o sofrimento do paciente e a evitá-lo. Na psicologia e na administração, o conhecimento é construído buscando superar dicotomias e valorizar a agregação e a união entre os sujeitos cognoscitivos e os diferentes saberes. A epistemologia está voltada para a singularidade e a solidariedade entre os protagonistas da aula. Na educação física e na pedagogia, os conhecimentos são desenvolvidos articulados significativamente às experiências e aos saberes dos estudantes, considerando os condicionantes sócio-históricos que direcionam os processos de ensino e de aprendizagem. Os docentes articulam os conteúdos específicos das disciplinas a outras áreas de conhecimento, com vistas a uma integração de conceitos e teorias. Na história, o professor, ao explorar as fontes históricas, recupera as vozes e as diferentes formas de saber de povos, culturas e grupos silenciados e ignorados pelo conhecimento/regulação. Na comunicação social, o professor, sem prescindir das leituras clássicas, oportuniza o diálogo crítico e questionador entre os conhecimentos científicos e os saberes dos estudantes, provocando a reflexão sobre as questões do campo da pesquisa em comunicação. Na patologia veterinária, durante as necropsias, há uma articulação dos saberes específicos da disciplina com conhecimentos de fisiologia, anatomia entre outros. Os professores procuram garantir certa unidade entre as diferentes disciplinas e formas de conhecimento trabalhadas nos cursos, na perspectiva de que a integração "(...) propicia visões da realidade nas quais as pessoas aparecem como sujeitos da história, como as peças-chave para entender o mundo" (Santomé 1998, p. 118). Por conseguinte, há a estimulação do compromisso dos estudantes com a transformação de sua realidade, a partir do momento em que a integralidade na forma de tratar os conhecimentos favorece a participação ativa, responsável e crítica dos futuros profissionais.

g) Transitoriedade – Na universidade, desde a sua constituição como espaço de produção e disseminação de conhecimento, tem-se privilegiado o saber científico em detrimento das outras formas de conhecimento. No entanto, parece não haver dúvida de que o modelo da racionalidade científica dá sinais de crise, crise esta que, na visão de Santos (2003, p. 40), "é não só profunda como irreversível". Nesse cenário, é preciso pensar um modelo alternativo que não negue o conhecimento científico pela sua importância, mas que busque sua articulação com outras formas de conhecimento, tomando como base que ele é uma realidade transitória, em constante transformação, ou seja, que acompanha o movimento da própria sociedade.

Os professores que desenvolvem experiências inovadoras no tratamento do conhecimento nas aulas observadas consideram as verdades produzidas pela ciência como transitórias, inacabadas; alguns aspectos ilustram essa assertiva, como a valorização de outras formas de conhecimento, num processo de questionamento da ciência hegemônica e de busca de novos modelos explicativos que favorecem o diálogo com saberes populares, científicos, artísticos, dos movimentos, do senso comum, numa relação de complementaridade.

Esses princípios tornam possível uma articulação, mesmo em contextos diferentes – faculdades/departamentos/institutos –, entre processos de ensinar, aprender, pesquisar e avaliar, e sinalizam um movimento instituído de construção de uma pedagogia universitária crítica, que rompe com os processos conservadores de ensino e aprendizagem, predominantes na cultura universitária. Tendo esses princípios como fundantes na organização, no desenvolvimento e na avaliação das aulas observadas, identifiquei as relações nelas estabelecidas, percebidas e analisadas no Capítulo 2, e que são indissociáveis, implicando o desenvolvimento de um processo pedagógico integral e articulado, que repercute numa formação vinculada à realidade profissional e ao contexto social. Relações que serão apontadas sinteticamente por terem sido exploradas ao longo das análises, procurando mostrar a aproximação entre as aulas observadas com base nas categorias que as identificam e as caracterizam como inovadoras na aplicação edificante do conhecimento:

a) Professor-aluno – A relação pedagógica, entendida como um "conjunto de relações humanas, sociais, históricas e profissionais que se estabelecem entre o professor, o aluno e o conhecimento" (Veiga 2008, p. 293), envolve as dimensões linguística, pessoal e cognitiva que interferem no processo didático. A primeira está ligada à forma como ocorre o diálogo – qual é a linguagem empregada na aula e quais são suas implicações na definição de um estilo de relação pedagógica que pode interferir negativa ou positivamente nas interações e na apropriação do conhecimento. A dimensão pessoal do vínculo que o professor estabelece com os alunos, na visão de Cordeiro (2007, p. 101), é marcada por certa assimetria, caracterizada pela "interferência da noção de autoridade e a admissão de que se trata de relações que se estabelecem com finalidades relativamente determinadas, ligadas a objetivos externos às próprias relações" – como os definidos nos projetos pedagógicos da universidade e dos cursos. A dimensão cognitiva reforça o pressuposto de que a relação professor e aluno é sempre mediada pelo conhecimento. Nessa relação, a aproximação do professor com as experiências dos estudantes interfere na organização dos meios que favorecerão a construção de conhecimentos.

Em todas as aulas observadas há o predomínio de uma relação pedagógica que considera essas dimensões, contribuindo para a constituição de relações democráticas, sendo o poder de decisão e ação compartilhado por professores e alunos. As relações interpessoais são afetivas e solidárias, pautadas no respeito às diferenças culturais, ideológicas, de valores e crenças. Os conflitos decorrentes das "provocações" dos docentes incentivam os estudantes a "sair do lugar-comum" e favorecem a constituição de um ambiente propício a construção, produção, significação e ressignificação dos conhecimentos. Essa relação é fundamental para a constituição das demais relações que são estabelecidas na aula universitária, e a forma como estas interferem no processo de ensino e aprendizagem reforça a tese de que a aula é de fato um espaço de interações.

b) Objetivos-avaliação – Na visão de Freitas (1995), a categoria objetivos-avaliação é dialética e interfere na organização da aula e de toda a instituição, pela forma como é expressa em seu projeto político-pedagógico. A avaliação é desveladora dos objetivos implícitos e explícitos da instituição educativa; pode ser, então, considerada uma categoria orientadora dos processos de ensinar, aprender e pesquisar. Em relação às aulas observadas, foi possível apreender que a avaliação ainda é o "calcanhar de aquiles" dos professores, uma das fragilidades no trabalho docente, indicando a necessidade de maior atenção a esse tópico nos cursos que formam professores. Contudo, algumas experiências apresentam nuanças de inovação, como as percebidas nas aulas de educação matemática 1, do curso de pedagogia, por meio da utilização de diários de bordo, instrumento que favorece, por intermédio de registros e reflexões, o acompanhamento pelos discentes de seu desempenho na disciplina, na direção da avaliação formativa que contribui para que os estudantes compreendam sua metacognição em relação ao conhecimento matemático. Nas aulas de prótese fixa 1, foram observadas práticas avaliativas que sinalizam a superação da avaliação quantitativa e classificatória, como: a) a diagnose feita no início das aulas e que dá o *feedback* que favorece a reorganização do trabalho pedagógico; b) o acompanhamento e a análise individualizada do desempenho dos estudantes pelo professor; c) a avaliação por colegas e a consideração dos erros como situações significativas para a ação educativa, como aquilo que o aluno "ainda" não sabe.

c) Conteúdo-método – Para Ortega e Mata (2002, p. 132), o conteúdo "é um conjunto de saberes ou formas culturais, cuja assimilação e apropriação pelos alunos é essencial para a formação integral das pessoas". Ao concretizar as intenções educativas, o conteúdo caracteriza-se como um dos elementos que estruturam a organização didática da aula; para tanto, ele deve ser selecionado e organizado como parte do currículo – sem prescindir do seu sentido cultural –, focalizar as dimensões afetivas, psicomotoras e sociais dos estudantes e não se constituir como um fim em si mesmo, mas como um meio para o desenvolvimento do sujeito em formação. O método mostra a direção a ser seguida na aula com vistas ao alcance dos objetivos de aprendizagem, tornando possível a conquista da qualidade do processo didático. Na visão de Veiga (2008), para que professores e alunos assumam o protagonismo da aula, realizando ações pedagógicas conscientes, é necessário que se repensem as metodologias de ensinar, aprender, pesquisar e avaliar. A preocupação dos docentes com a relação conteúdo-método é visível nas aulas de administração de recursos humanos; superdotação, talento e desenvolvimento humano; aprendizagem perceptivo-motora e educação matemática. A seleção e a organização dos conteúdos, dos métodos e das técnicas de ensino têm como critério o atendimento às necessidades e aos interesses dos estudantes, procurando superar a mera racionalização do processo de ensino, característica do modelo conservador que primava pelo controle do tempo para garantir a eficiência e a produtividade na distribuição dos conteúdos como unidades didáticas e dos meios como estratégias de ensino. Conectar o conteúdo à forma de desenvolvimento é, portanto, fundamental na constituição da aula, numa perspectiva crítica, como forma de enfrentar os problemas práticos do cotidiano, abrindo um campo de possibilidades para o surgimento de novas relações na universidade, como as relações professor e aluno, sujeito e objeto do conhecimento, ensino e aprendizagem e objetivo e avaliação.

d) Conhecimento local-total – Na perspectiva de Santos (2003, p. 60), a revolução científica que atravessamos "ocorre numa sociedade ela própria revolucionada pela ciência". Assim, o paradigma a emergir dela tem de ser também um paradigma social, "o paradigma de uma vida decente" (*ibidem*). Numa das teses apresentadas pelo autor, e que justifica esse movimento de transição paradigmática, ele afirma que "todo o conhecimento é local e total". Sendo local, o conhecimento é também total por reconstituir os projetos de conhecimentos locais, ressaltando sua relevância e transformando-os em pensamento total. Nas aulas observadas, os docentes buscam incentivar o estudo de conceitos e teorias resultantes de pesquisas desenvolvidas localmente, no âmbito da universidade, procurando estendê-los a outros contextos sociais e profissionais. O conhecimento tratado como campo de possibilidades da ação humana no espaço mais amplo, a partir de um espaço-tempo local, demanda uma pluralidade metodológica. Essa perspectiva ficou mais evidenciada nas aulas de imunologia médica em que o ensino com pesquisa possibilita o diálogo dos estudantes com cientistas e pesquisadores de vários países, aproximando os conhecimentos estudados na disciplina aos conhecimentos produzidos por investigadores da área. Nas aulas de patologia veterinária, as questões que emergem no contexto local e nacional orientam e atualizam os conhecimentos estudados na aula e articulam-se aos interesses da comunidade, ressignificando os conteúdos com base nos resultados de pesquisas na área. Nas aulas de métodos e técnicas de pesquisa em comunicação, ao favorecer o contato com as ideias de autores clássicos, o professor amplia o debate teórico e considera, na interpretação dos conceitos e das teorias, os conhecimentos prévios dos estudantes e os construídos no debate em sala de aula. Nas aulas de história medieval, ao recorrer às fontes históricas, o professor proporciona aos estudantes o conhecimento de uma realidade construída em outro tempo-espaço, na perspectiva de recuperar o real sentido dos fatos e acontecimentos pela voz dos protagonistas da história.

e) Ensino-pesquisa – Na perspectiva de Arouca (2001), essa relação é indissociável e indissolúvel epistemologicamente, e contribui para a qualidade do ensino, porque o conhecimento como uma construção social, dinâmica e prazerosa, trabalhado na aula, é produzido por professores e alunos. Essa relação foi percebida nas aulas ministradas pelos professores Crisóstomo (educação matemática 1), Angelita (superdotação, talento e desenvolvimento humano) e Victor (história medieval). Nas aulas ministradas pelo professor Edilson (imunologia médica), a relação ensino-pesquisa é orientadora do ensino-aprendizagem, implicando o envolvimento do professor e dos alunos como participantes ativos do processo investigativo. O ensino com pesquisa alimenta as reflexões sobre as temáticas estudadas, significando-as à luz de estudos teórico-práticos, e contribui para estabelecer as relações necessárias entre os conteúdos que são trabalhados durante as aulas e as práticas analisadas nos processos de pesquisa. As atividades indicadoras da relação ensino-pesquisa estão voltadas para propostas de trabalhos individuais e grupais baseadas em problemas e/ou questões que favorecem: a construção e a sistematização do conhecimento; a realização de pesquisas monográficas que privilegiam o diálogo com autores/estudiosos de uma área específica; os trabalhos de pesquisa bibliográfica como uma primeira inserção no campo da investigação – contato com a realidade concreta da escola; no caso das licenciaturas, para conhecer, questionar e compreender as problemáticas desse contexto que podem fomentar pesquisas futuras e pesquisas que envolvem a comunidade sobre temáticas específicas da psicologia.

f) Teoria-prática – Vázquez (1977, p. 239) afirma que "enquanto a teoria permanece em seu estado puramente teórico não se transita dela à práxis e, portanto, esta é de certa forma negada". Nas aulas de imunologia médica, prótese fixa 1, patologia veterinária, educação matemática 1 e aprendizagem perceptivo-motora, teoria e prática ganham novos significados; os professores, ao reconhecerem a unidade indissociável entre ambas, consideram que, quando essas categorias são trabalhadas isoladamente, assumem o caráter absoluto. Nas aulas, os conteúdos teóricos são relacionados à prática por meio da pesquisa, das atividades de laboratório de prótese, das atividades de laboratório de necropsia, da intervenção na escola básica. Essa forma de conceber o conhecimento é um dos eixos das práticas inovadoras na universidade e visa à superação da concepção dicotômica que trata o conhecimento de forma fragmentada e estática, imprimindo um novo sentido ao conteúdo dinamizado e articulado às ações que se desenvolvem numa realidade concreta. Ao desenvolver o ensino tomando como ponto de partida os problemas reais, os docentes superam o ensino tradicional focalizado na transmissão/reprodução de informações, regras e teorias e criam a possibilidade de os alunos pensarem e construírem o conhecimento, tendo como referência a prática para transformá-lo.

g) Movimento-afetividade – A relação movimento e afetividade, visível nas aulas de aprendizagem perceptivo-motora e de educação matemática 1, é possível por meio de jogos, atividades físicas, brincadeiras, sempre com o objetivo de aprendizagem. Essa forma de construção do conhecimento favorece o rompimento das distinções clássicas discutidas por Santos (2003) (conhecimento popular/conhecimento científico; mente/corpo; cognitivo/afetivo; emoção/razão, natureza/ser humano), contribuindo para uma formação que considera o ser humano em sua multidimensionalidade – perspectiva que pode contribuir para a formação dos futuros professores da educação básica com a percepção e a compreensão das relações possíveis na educação física e na matemática e que transcendem a dimensão cognitiva. Sendo a aula um espaço-tempo privilegiado de ações e interações entre professor e alunos mediados pelo conhecimento, a afetividade está na base dessas interações. Todavia, é preciso destacar, como nos alerta Freire (1998), que a prática educativa vivenciada com afetividade, alegria e movimento não prescinde da formação científica séria e da clareza política dos professores.

h) Tempo-espaço – A forma como o professor organiza os tempos e os espaços da aula vai definir, de acordo com Silva (2008, p. 37), "a organização do processo didático em que se desenvolvem ações, meios e condições para a realização da formação, do desenvolvimento e do domínio dos conhecimentos pelos alunos", reforçando a concepção da aula como uma ação intencional e planejada. Nas aulas observadas, o tempo e o espaço historicamente tratados de maneira fragmentada, determinada e quantitativa são ressignificados pedagogicamente de forma mais evidente nas disciplinas: administração de recursos humanos, métodos e técnicas de pesquisa em comunicação e aprendizagem perceptivo-motora, cujos docentes flexibilizam o planejamento da aula, considerando as interferências de fatores internos e externos ao contexto da universidade e dos cursos, buscando adequar o desenvolvimento da aula às condições físicas existentes e ao tempo disponível, no sentido de trabalhar os conteúdos atendendo às necessidades e especificidades das turmas.

De acordo com Veiga (2008, p. 267), um projeto colaborativo para a organização da aula "procura dar conta do processo didático em toda sua abrangência. Objetiva orientar a reflexão com base na prática e para a prática, sendo um instrumento norteador da vida pedagógica que é gestada ao longo da aula". Nessa direção, orientam-se as aulas focalizadas nesta pesquisa, fundamentadas por princípios e relações que lhes imprimem o caráter inovador na construção do conhecimento na universidade por meio de um projeto colaborativo.

A constituição de um projeto colaborativo de aula requer dos professores o domínio dos conteúdos específicos de sua área de formação e dos fundamentos teóricos e metodológicos da educação, os chamados conhecimentos pedagógicos. A estes, como foi possível apreender das narrativas dos docentes, poucos tiveram acesso na graduação e na pós-graduação, constituindo-se essa uma das fragilidades na atuação dos profissionais que exercem o magistério na educação superior. Contudo, pode ainda estar na gênese das práticas inovadoras a autoformação vivenciada pelos professores na participação em movimentos populares e sindicais, associações, grupos interinstitucionais de estudo e pesquisa, em projetos de extensão na comunidade. Com base nas experiências que vivencia nesses espaços, o docente assimila discursos críticos que acabam interferindo em suas práticas docentes, por uma necessidade de garantir a coerência entre o discurso e a prática, expressão de um sujeito politizado que defende a transformação das estruturas macrossociais.

Aula inovadora: Desafios e possibilidades

Neste momento, apresento os desafios que precisam ser superados para a constituição de práticas inovadoras no âmbito da universidade e da sala de aula, sem assumir uma posição maniqueísta, mas procurando tecer uma rede articulada que aponte rumos para a pedagogia universitária no Brasil.

Os desafios a serem transpostos...

- Distanciamento do que é proposto no plano de ensino em relação às orientações provenientes das Diretrizes Curriculares Nacionais dos cursos.
- Incoerência entre os elementos constitutivos do plano de ensino – objetivos, conteúdos, metodologia, avaliação –, que impede a articulação entre eles e dificulta a visão global do processo de ensino na dimensão do proposto.
- Ausência nos planos de ensino de bibliografias resultantes de pesquisas: monografias, dissertações e teses, fato incomum,

sendo a universidade um espaço privilegiado de produção de conhecimento por meio da pesquisa.

- Ausência de formação pedagógica dos professores, inviabilizando a articulação na docência da dimensão epistemológica e da dimensão pedagógica.
- Solidão profissional gerando o trabalho individualizado e inibindo a constituição de culturas inovadoras compartilhadas que contribuem para revitalizar o ensino e a aprendizagem na universidade.
- Intensificação do trabalho docente, reforçada pela sistemática de avaliação externa, exigindo que o docente universitário faça opções no exercício da função docente, negligenciando algumas funções da universidade, como o ensino e a extensão.
- Ausência de um projeto político-pedagógico construído coletivamente, impedindo a orientação das atividades didáticas de professores e estudantes e os processos inovadores na universidade, e podendo gerar movimentos "solitários" em seu interior.

A análise das aulas permitiu identificar também algumas trilhas no caminho da docência universitária, construídas pelos movimentos de resistência dos professores ao instituído, com vistas à revisão de processos de ensino focados na transmissão/reprodução de informações e conhecimentos. Por meio dessas trilhas, democratizam-se saberes, poderes e conhecimentos, transformando-os em possibilidades para uma inovação que privilegie a pesquisa, a extensão e o ensino, como funções importantes e que devem ser tratadas articuladamente. Assim, as práticas individuais e solitárias passarão a ser coletivas e solidárias.

As possibilidades para a inovação

- Os professores que inovam na aula constroem um estilo próprio, resultante de um processo de constituição docente que envolve formação e autoformação, com base nas experiências vivenciadas ao longo de sua trajetória profissional e nos questionamentos que tornam possível a revisão de processos de ensinar, aprender, pesquisar e avaliar. São profissionais sensíveis às demandas pessoais e acadêmicas dos alunos.

- A aula inovadora é incomodativa, provocadora, incentiva a leitura, o pensar, propõe outras formas de conhecer que rompem com o tradicional, mecânico e autoritário ensino em que o professor domina o discurso e os alunos o reproduzem.

- As experiências que alguns docentes têm com a educação básica favorecem a associação entre teoria e prática, imprimindo à aula uma dinâmica própria e motivadora por meio de problemas históricos reais, concretos, conduzindo os estudantes a uma leitura mais globalizada da realidade.

- A arquitetura estrutural das salas de aula, nem sempre adequada às atividades de ensino e aprendizagem, é transformada em estrutura pedagógica pelas ações de professores e alunos que dinamizam e imprimem qualidade aos processos vivenciados nos espaços disponíveis para as aulas. A sala de aula é vista como um espaço que não é neutro, mas impregnado implícita e explicitamente de valores, símbolos e marcas da condição e das relações sociais entre os sujeitos que o habitam.

- O tempo da aula quantitativo, cíclico, fragmentado – característico do modelo hegemônico de conhecimento da ciência moderna que mede, classifica, verifica, controla e exclui – é transformado em tempo qualitativo, criativo, pedagógico e expressa uma concepção de tempo como possibilidade, construção e projeção que rompe com a trama do tempo quantitativo.

- A aula privilegia as discussões e os questionamentos sobre a racionalidade da ciência normativa e conservadora; busca romper com a fragmentação do conhecimento, predispondo os estudantes à indagação e à emancipação.

- Há uma preocupação dos professores em criar mecanismos de participação nas aulas para envolver os discentes. Estes, ao reconhecerem a iniciativa, a valorizam e procuram dela tirar proveito.

- Na aula são enfatizadas as dimensões cognitivas, sociais, afetivas e psicomotoras no ato de ensinar e aprender.

- A aula é uma ação intencional e planejada que requer um certo rigor no sentido de construir as possibilidades de aproximação crítica do objeto do conhecimento com liberdade, autonomia, criatividade e reflexão.

- Na aula há a consecução de intencionalidades e objetivos educativos, o que requer que ela seja pensada, considerando os elementos estruturantes de sua organização didática, superando o esquema transmissivo e reprodutivo de conhecimentos.

- A adoção de práticas avaliativas mais participativas e processuais nas aulas sinaliza a intenção dos docentes de superar a avaliação somativa em que a condução é centrada no professor e a ênfase recai no produto.

- A utilização de tecnologias de comunicação e informação é orientada pela intencionalidade, favorecendo a construção coletiva do conhecimento e o alargamento das fronteiras dos saberes e sua integração com outros saberes, formando uma rede de conhecimentos baseada nas relações e interfaces.

- Os cursos são influenciados pelos campos científicos, influências percebidas pelo uso do discurso e dos jargões próprios das profissões, pelo estabelecimento de normas e regras adequadas ao ofício e pelas vestimentas específicas para atuar no "campo" e obter legitimidade para falar e agir como membro do grupo profissional com autoridade científica. Esse aspecto denota que a universidade tem pedagogias no plural e que estas, em grande parte, são decorrentes de valores, culturas e histórias dos campos científicos que presidem cursos de diferentes naturezas. A compreensão dessas influências por parte da universidade pode contribuir para repensar currículos, projetos pedagógicos e funções desempenhadas pela instituição.

As categorias que emergiram dos dados, analisadas no diálogo entre a empiria e a teoria, indicam a possibilidade de construção de inovações pontuais na universidade, ampliando o conceito de aula ao considerar todas as situações de ensino e aprendizagem, mediadas por professores e alunos, uma compreensão que favorece a apreensão curricular de forma mais alargada e flexível. Os estudos da aula têm focalizado a perspectiva política, sendo o ponto de vista pedagógico ainda pouco privilegiado nas investigações sobre a temática. Nesse sentido, penso que este estudo trouxe uma importante contribuição ao tema.

Assim, é possível afirmar que, do ponto de vista da inovação metodológica, os docentes recorrem a métodos e técnicas de ensino que pressupõem: escrita de textos, leituras prévias, problematizações, perguntas instigadoras, debate, pesquisa, articulação na aula com as práticas de laboratório, entre outros. A intenção é desenvolver os conteúdos de forma diferenciada, prazerosa e lúdica, num processo que promove a ruptura com a exclusividade da aula expositiva historicamente predominante na universidade.

Do ponto de vista da inovação edificante na aplicação do conhecimento, comprometida com a superação da forma como o conhecimento científico hegemônico tem sido tratado na universidade, a análise dos dados indica que nas aulas os processos de ensinar, aprender, pesquisar e avaliar valorizam o contexto sócio-histórico e mantêm o diálogo com os saberes local e total; destacam a solidariedade e a singularidade; favorecem o diálogo entre os diferentes saberes; beneficiam a superação de dicotomias e a agregação; lutam contra os mecanismos de poder na sala de aula ao democratizar as relações; incentivam a comunicação entre os protagonistas da aula; estão voltados para o respeito à diversidade; evidenciam uma preocupação com os meios, mas vinculam-se aos fins da formação e da universidade.

As experiências vivenciadas por professores e estudantes universitários dos nove cursos da Universidade de Brasília sinalizam a real possibilidade de transformação da aula em espaço-tempo de formação, fundamentada em princípios e relações que imprimem um caráter inovador no tratamento do conhecimento. Romper com a perspectiva linear, acabada, transmissiva do conhecimento, para priorizar uma perspectiva de inovação edificante, como já foi suficientemente explorado, pressupõe compreender o conhecimento como flexível, inacabado, questionável e, sobretudo, possível de ser transformado por meio dos saberes diferenciados dos sujeitos que fazem a aula. São essas experiências que me direcionam para caminhos que possam contribuir para a constituição da pedagogia universitária crítica, preocupada com a organização do ensino e com questões como formação do professor e exercício da docência na educação superior, estruturada em torno de relações, diretrizes, ações e princípios dedicados à formação acadêmica e à formação profissional do estudante universitário como processos indissociáveis. Assim, podemos apontar como caminhos possíveis à constituição de inovações na universidade:

- Construir coletivamente projetos político-pedagógicos dos cursos e da instituição universitária que garantam programas contínuos de formação e promovam aprendizagens compartilhadas.

- Inserir os projetos de formação continuada de professores nos planos da instituição, contribuindo para que se assuma a docência como profissão. A formação ganha, então, uma dimensão institucional.

- Investir na formação continuada dos docentes, criando núcleos coletivos nas faculdades/departamentos que possibilitem a interdisciplinaridade – mesmo que entre duas disciplinas –, a elaboração de projetos comuns de pesquisa interinstitucional ou interdepartamental e a promoção de minicursos. A docência exige dos professores saberes múltiplos para promover a relação entre o ensino, a pesquisa e a extensão, obtidos em processos formativos que privilegiem a preparação acadêmica teórico-prática.

- Incentivar a criação de grupos de estudo e reflexão pedagógica que conduzam gradativamente à instauração de rotinas de debates, supervisão e formação entre pares, como o Grupo de Estudos e Pesquisa em Avaliação e Organização do Trabalho Pedagógico (Gepa) e o Grupo de Estudos e Pesquisa sobre Docência e Inovações Pedagógicas (Prodocência), da Faculdade de Educação da UnB.

- Criar núcleo de assessoramento pedagógico para articular os processos formativos e garantir espaços de discussão e intercâmbios que rompam com a solidão profissional, característica de relações competitivas e individualistas reinantes na universidade.

- Ter necessariamente como coordenador um professor do curso, com formação compatível com o campo científico desse curso e com pós-graduação na área, reunindo condições para implementar e acompanhar atividades formativas individuais e coletivas.

- Criar mecanismos que incentivem o professor a investir em sua autoformação, por meio da participação em reuniões do conselho, palestras etc. Nesse processo, são construídas atividades pedagógicas baseadas nas experiências e nos saberes práticos que fundamentam as ações de muitos docentes, como se deu com a maioria dos participantes desta pesquisa.

- Significar os espaços disciplinares nos cursos de mestrado e doutorado, ampliando as possibilidades para a análise da docência como um eixo na formação do professor universitário, o que pode ser concretizado no estudo de disciplinas da área pedagógica a serem cursadas na Faculdade de Educação (currículo, organização do trabalho pedagógico e metodologia do ensino superior), articuladas ao ensino-pesquisa.

- Incentivar o desenvolvimento de projetos de pesquisa sobre inovação no processo de ensino e aprendizagem na universidade.

A intenção, ao apontar caminhos, não é de ser prescritiva, considerando a complexidade do fenômeno educativo e da formação universitária que se dá de maneira significativa também na sala de aula. A docência é uma prática social, mas o conceber e o planejar são ações solitárias que podem ser transformadas por meio da implementação de ações como as descritas acima, sem o risco de transformar a pedagogia universitária numa questão de métodos e técnicas, esvaziando-a de suas referências culturais, políticas e científicas.

Cabe ainda ressaltar que a sala de aula apresenta fortes vínculos com as estruturas mais amplas da universidade e das políticas públicas. A implementação de inovações exige, além de tempo, iniciativas institucionais como espaços de formação continuada e reflexão sistematizada sobre os processos de ensinar e aprender, sem perder de vista a dimensão do protagonismo dos alunos como parte da ideia de inovação e gestação do processo de ensino e aprendizagem.

Dessa forma, as categorias privilegiadas em cada aula analisada emergiram do contato com o campo de pesquisa, dos diálogos estabelecidos com os professores, com os docentes, com a realidade concreta da sala de aula universitária, que, por apresentarem aspectos peculiares, têm um sentido único, criativo e próprio pelas ações humanas que concretizam e dão vida à aula.

Para interromper a discussão, sem, contudo, colocar-lhe um ponto final – impossível diante das questões que foram suscitadas ao longo das reflexões neste texto e que indicam a necessidade de novas pesquisas sobre a temática –, reitero a crença e a esperança de que a universidade enfrentará os dilemas e contradições que sempre a desafiaram, desde sua constituição como instituição de produção de saber na sociedade. A busca é por caminhos novos para a construção de uma universidade sintonizada com os problemas e necessidades da sociedade, com passos firmes em direção à pedagogia universitária, humana, democrática e cidadã, e que tem na aula uma de suas expressões máximas por materializar uma de suas funções basilares – o ensino. É nessa perspectiva que a aula deve ser vista, compreendida e vivida como campo de possibilidades e de inovações que se pautem no conhecimento como instrumento de emancipação, libertação e autonomia, com vistas à construção de uma sociedade mais democrática, justa e solidária.

REFERÊNCIAS BIBLIOGRÁFICAS

AGUERRONDO, I. e XIFRA, S. (2002). *La escuela del futuro: Cómo piensan las escuelas que innovan*. Buenos Aires: Papers.

AMARAL, A.L. (2006). "O trabalho de grupo: Como trabalhar com os 'diferentes'". *In*: VEIGA, I.P.A. (org.). *Técnicas de ensino: Novos tempos, novas configurações*. Campinas: Papirus.

AMORIM, A.G. e SOUZA, E.C.F. (2007). "Problemas éticos vivenciados por dentistas: Dialogando com a bioética para ampliar o olhar sobre o cotidiano da prática profissional". *Revista Ciência & Saúde Coletiva*, vol. 25. Rio de Janeiro.

ANASTASIOU, L.G.C. e ALVES, L.P. (2005). *Processos de ensinagem na universidade: Pressupostos para as estratégias de trabalho em aula*. Joinville: Univille.

ANDREOZZI, M. (1996). "El impacto formativo de la práctica. El papel de las 'prácticas de formación' en el proceso de socialización profesional". *Revista del Instituto de Investigaciones en Ciencias de la Educación*, n. 9. Buenos Aires: Instituto de Investigaciones en Ciencias de la Educación (Iice)/Facultad de Filosofía y Letras (FFyL)/ Universidad de Buenos Aires (UBA).

ARANHA, M.L.A. e MARTINS, M.H.P. (1986). *Filosofando: Introdução à filosofia*. São Paulo: Moderna.

ARAÚJO, J.C.S. (2008). "Pedagogia universitária: Gênese filosófico-educacional e as realizações brasileiras no decorrer do século XX". *Linhas Críticas*, vol. 14, n. 26. Brasília, jan.-jun., pp. 25-42. (Docência na educação superior)

AROUCA, S.L. (2001). "Relação ensino-pesquisa: A formação do pesquisador em educação". *In*: SEVERINO, A.J. e FAZENDA, I.C. *Conhecimento, pesquisa e educação*. Campinas: Papirus.

ARRUDA, Â. (2002). "Teoria das representações sociais e teoria de gêneros". *Cadernos de Pesquisa*, n. 117. Rio de Janeiro, nov., pp. 127-147.

AUSUBEL, D.P. (1976). *Psicología educativa: Un punto de vista cognoscitivo*. Cidade do México: Trillas.

BELLONI, I. (1992). "Função da universidade: Notas para reflexão". *In*: BRANDÃO, Z. et al. *Universidade e educação*. Campinas: Papirus.

BENJAMIN, W. (1994). *Magia e técnica, arte e política: Ensaios sobre literatura e história da cultura*. São Paulo: Brasiliense.

BERNSTEIN, B. (1977). *Clases, códigos y control. Hacia una teoría de las transmisiones educativas*, vol. 2. Madri: Akal.

_____ (1990). *A estruturação do discurso pedagógico: Classe, código e controle*. Petrópolis: Vozes.

BOURDIEU, P. (2003). "O campo científico". *In*: ORTIZ, R. (org.). *A sociologia de Pierre Bourdieu*. São Paulo: Olho d'Água.

CARDOSO, C.F. (1981). *Uma introdução à história*. São Paulo: Brasiliense.

COELHO, I.M. (2008). "A gênese da docência universitária". *Linhas Críticas*, vol. 14, n. 26. Brasília, jan.-jun., pp. 5-24. (Docência na educação superior)

CONTRERAS, J.D. (2002). *A autonomia de professores*. Trad. Sandra Trabucco Valenzuela. São Paulo: Cortez.

CORDEIRO, J. (2007). *Didática*. São Paulo: Contexto.

CORREIA, J.A. e MATOS, M. (2001). *Solidões e solidariedades nos quotidianos dos professores*. Porto: ASA.

CORTESÃO, L. (2006). *Ser professor: Um ofício em risco de extinção? Reflexões sobre práticas educativas face à diversidade, no limiar do século XXI*. Porto: Afrontamento.

CUNHA, M.I. da (1995). *O bom professor e sua prática*. Campinas: Papirus.

_____ (1998). *O professor universitário na transição de paradigmas*. Araraquara: JM.

_____ (2001). "Inovações: Conceitos e práticas". *In*: CASTANHO, S. e CASTANHO, M.E. (orgs.). *Temas e textos em metodologia do ensino superior*. Campinas: Papirus.

_____ (2008a). "O espaço da pós-graduação em educação: Uma possibilidade de formação do docente da educação superior". *Revista da Faeeba: Educação e contemporaneidade*, vol. 17, n. 30. Salvador: Depto. de Educação I/Uneb, jul.-dez.

_____ (2008b). "Os conceitos de espaço, lugar e território nos processos analíticos da formação dos docentes universitários". *Educação Unisinos*, vol. 12, n. 3, set.-dez., pp. 182-186.

CUNHA, M.I. da e LEITE, D.B.C. (1996). *Decisões pedagógicas e estruturas de poder na universidade*. Campinas: Papirus.

ENGUITA, M.F. (1991). "A ambiguidade da docência: Entre o profissionalismo e a proletarização". *Teoria e Educação*, n. 4. Porto Alegre.

ENRICONE, D. (2007). "A universidade e a aprendizagem da docência". *In*: CUNHA, M.I. da (org.). *Reflexões e práticas em pedagogia universitária*. Campinas: Papirus.

ESCOLANO, A. (2001). "A arquitetura como programa. Espaço-escola e currículo". *In*: FRAGO, A.V. e ESCOLANO, A. *Currículo, espaço e subjetividade: A arquitetura como programa*. Trad. Alfredo Veiga-Neto. Rio de Janeiro: DP&A.

ESTEBAN, M.T. (2002). *O que sabe quem erra? Reflexões sobre avaliação e fracasso escolar*. Rio de Janeiro: DP&A.

FERNANDES, D. (2008). "Para uma teoria da avaliação no domínio das aprendizagens". *Estudos em Avaliação Educacional*, vol. 19, n. 41. São Paulo: Fundação Carlos Chagas, set.-dez.

FOUCAULT, M. (1995). *Vigiar e punir. O nascimento da prisão*. Petrópolis: Vozes.

FRANCO, M.E.D.P. (2001). "Comunidade de conhecimento, pesquisa e formação do professor do ensino superior". *In*: MOROSINI, M.C. (org.). *Professor do ensino superior: Identidade, docência e formação*. Brasília: Plano.

FREIRE, P. (1996). *Educação como prática de liberdade*. 22ª ed. Rio de Janeiro: Paz e Terra.

_____ (1998). *Pedagogia da autonomia: Saberes necessários à prática educativa*. São Paulo: Paz e Terra.

FREITAS, L.C. de (1995). *Crítica da organização do trabalho pedagógico e da didática*. Campinas: Papirus.

GADOTTI, M. (1998). *Pedagogia da práxis*. São Paulo: Cortez/Instituto Paulo Freire.

GRUNDY, S. (1987). *Producto o práxis del curriculum*. Madri: Morata.

HABERMAS, J. (1983). *Conciencia moral y acción comunicativa*. Barcelona: Península.

HUBERMAN, A.M. (1973). *Como se realizam as mudanças em educação: Subsídios para o estudo da inovação*. São Paulo: Cultrix.

HUMBOLDT, W.V. (1997). *Sobre a organização interna e externa das instituições científicas superiores em Berlim*. Rio de Janeiro: Eduerj.

HYPÓLITO, A.M. (1999). "Trabalho docente e profissionalização: Sonho prometido ou sonho negado?". *In*: VEIGA, I.P.A. e CUNHA, M.I. da (orgs.). *Desmistificando a profissionalização do magistério*. Campinas: Papirus.

IMBERNÓN, F. (2009). *Formação permanente do professorado: Novas tendências*. Trad. Sandra Trabucco Valenzuela. São Paulo: Cortez.

ISAIA, S.M.A. (2001). "Professor universitário no contexto de suas trajetórias como pessoa e profissional". *In*: MOROSINI, M.C. (org.). *Professor do ensino superior: Identidade, docência e formação*. Brasília: Plano.

ISAIA, S.M.A. e BOLZAN, D.P.V. (2004). "Formação do professor do ensino superior: Um processo que se aprende?". *Revista Educação*, vol. 29, n. 2. Santa Maria, pp. 121-133.

_____ (2006). "Tessituras dos processos formativos de professores que atuam nas licenciaturas". *In*: RAYS, O.A. (org.). *Educação, matemática e física: Subsídios para a prática pedagógica*. Santa Maria: Edunifra.

LAMPERT, E. (2008). "O ensino com pesquisa: Realidade, desafios e perspectivas na universidade brasileira". *Linhas Críticas*, vol. 14, n. 26. Brasília, jan.-jun., pp. 5-24. (Docência na educação superior)

LEITE, D. (1997). "Conceito e inovação na literatura". Porto Alegre. (Digitado)

LEITINHO, M.C. (2008). "A formação pedagógica do professor universitário: Dilemas e contradições". *Linhas Críticas*, vol. 14, n. 26. Brasília, jan.-jun., pp. 79-92. (Docência na educação superior)

LESNE, M. (1977). *Trabalho pedagógico e formação de adultos: Elementos de análise*. Trad. Helena Domingos. Lisboa: Fundação Calouste Gulbenkian.

LÉVY, P. (1999). *Cibercultura*. Rio de Janeiro: Ed. 34.

LIBÂNEO, J.C. (1993). *Didática*. São Paulo: Cortez.

LIMA, M. de L.R. de (2000). "A aula universitária: Uma vivência de múltiplos olhares sobre o conhecimento em situações interativas de ensino e pesquisa". *In*: VEIGA, I.P.A. e CASTANHO, M.E.L.M. (orgs.). *Pedagogia universitária: A aula em foco*. Campinas: Papirus.

LIMA, M.E. e CASTANHO, M. (2004). "Os objetivos da educação". *In*: VEIGA, I.P.A. (org.). *Repensando a didática*. Campinas: Papirus.

LUCARELLI, E. (2000). "Um desafio institucional: Inovação e formação pedagógica do docente universitário". *In*: CASTANHO, S. e CASTANHO, M.E.L.M. (orgs). *O que há de novo na educação superior: Do projeto pedagógico à prática transformadora*. Campinas: Papirus.

_____ (2007). "Pedagogia universitária e inovação". *In*: CUNHA, M.I. (org.). *Reflexões e práticas em pedagogia universitária*. Campinas: Papirus.

LUCARELLI, E. (org.) (2006). "La enseñanza en las clínicas: Una mirada hacia la comprensión de los estilos docentes universitarios". *Revista de Educação PUC-Campinas*, n. 21. Campinas: Centro de Ciências Sociais Aplicadas/Programa de Pós-graduação em Educação/PUC, nov.

LÜDKE, M. e ANDRÉ, M. (1986). *Pesquisa em educação: Abordagens qualitativas*. São Paulo: EPU.

MASETTO, M.T. (2000a). *Docência na universidade*. Campinas: Papirus.

_____ (2000b). "Mediação pedagógica e o uso da tecnologia". *In*: MORAN, J.M.; MASETTO, M.T. e BEHRENS, M.A. *Novas tecnologias e mediação pedagógica*. Campinas: Papirus.

MORAES, M.C. (1997). *O paradigma educacional emergente*. Campinas: Papirus.

MORAES, R. (2002). "Produção em sala de aula com pesquisa: Superando limites e construindo possibilidades". *In*: MORAES, R. e LIMA, V.M. do R. (orgs.). *Pesquisa em sala de aula: Tendências para a educação em novos tempos*. Porto Alegre: Ed. da PUC.

MOSQUERA, J.J.M. (2006). "Princípios da universidade no século XXI: Universidade e produção do conhecimento". *In*: AUDY, J.L.N. e MOROSINI, M.C. (orgs.). *Inovação e empreendedorismo na universidade*. Porto Alegre: Ed. da PUC.

MUNIZ, C.A. (2002). "Educação e ciências físicas e biológicas 1". *Curso de pedagogia para Professores em exercício no início de escolarização*, vol. 2, mód. I. Brasília: FE/UnB.

NÓVOA, A. (1991). "Para o estudo sócio-histórico da gênese e desenvolvimento da profissão docente". *Teoria & Educação*. Porto Alegre.

_____ (1992). "Formação de professores e profissão docente". *In*: NÓVOA, A. *Os professores e a sua formação*. Lisboa: Publicações Dom Quixote/Instituto de Inovação Educacional.

_____ (2007). "Os professores e a história de suas vidas". *In*: NÓVOA, A. (org.). *Vidas de professores*. Porto: Porto Ed.

ORTEGA, J.L.G. e MATA, F.S. (2002). "El diseño didáctico: Objetivos y fines". *In*: RIVILLA, A.M. e MATA, F.S. (orgs.). *Didáctica general*. Madri: Pearson Educación.

PÉREZ GÓMEZ, A.I. (1998). *La cultura escolar en la sociedad neoliberal*. Madri: Morata.

PIAGET, J. (1973). *Problemas de psicologia genética*. Rio de Janeiro: Forense.

PUENTES, R.V. e AQUINO, O.F. (2008). "A aula universitária: Gerenciamento do tempo". *Linhas Críticas*, vol. 14, n. 26. Brasília, jan.-jun., pp. 5-24. (Docência na educação superior)

REIS, S.M. de A.S. (2008). "Ensino e aprendizagem na formação do profissional da saúde: Relevantes saberes". Brasília: Encontro dos Pesquisadores em Educação do Centro-Oeste (Epeco).

ROMANOWSKI, J.P. e WACHOWICZ, L.A. (2005). "Avaliação formativa no ensino superior: Que resistências manifestam os professores e os estudantes?". *In*: ANASTASIOU, L.G.C. e ALVES, L.P. *Processos de ensinagem na universidade*. Joinville: Univille.

RUÉ, J. (2002). *Qué enseñar y por qué*. Barcelona: Paidós.

SÁNCHEZ INIESTA, T.S. (1995). *La construcción del aprendizaje en el aula: Aplicación del enfoque globalizador a la enseñanza*. Buenos Aires: Magistério del Rio de La Plata.

SANTOMÉ, J.T. (1998). *Globalização e interdisciplinaridade: O currículo integrado*. Porto Alegre: Artes Médicas.

SANTOS, B.S. (1989). *Introdução a uma ciência pós-moderna*. Rio de Janeiro: Graal.

_____ (1995). "Da idéia de universidade à universidade de idéias". *In*: SANTOS, B.S. *Pela mão de Alice: O social e o político na pós-modernidade*. São Paulo: Cortez.

_____ (1996). "Para uma pedagogia do conflito". *In*: SILVA, H.L. da *et al.* (orgs.). *Novos mapas culturais, novas perspectivas educacionais*. Petrópolis: Vozes.

_____ (2003). *Um discurso sobre as ciências*. São Paulo: Cortez.

_____ (2009). *A crítica da razão indolente: Contra o desperdício da experiência*, vol. 1. São Paulo: Cortez.

SAVIANI, D. (1994). *Escola e democracia: Teorias da educação, curvatura da vara, onze teses sobre educação e política*. Campinas: Mercado de Letras.

_____ (2005). *Pedagogia histórico-crítica: Primeiras aproximações*. Campinas: Autores Associados.

SHOR, I. e FREIRE, P. (1986). *Medo e ousadia: O cotidiano do professor*. Rio de Janeiro: Paz e Terra.

SILVA, E.F. da (2008). "A aula no contexto histórico". *In*: VEIGA, I.P.A. (org.). *Aula: Gênese, dimensões, princípios e práticas*. Campinas: Papirus.

STOER, S. e CORTESÃO, L. (1999). *Levantando a pedra – Da pedagogia intermulticultural crítica às políticas educativas numa época de transnacionalização*. Porto: Afrontamento.

TARDIF, M. (2002). *Saberes docentes e formação profissional*. Petrópolis: Vozes.

TARDIF, M. e LESSARD, C. (2005). *O trabalho docente: Elementos para uma teoria da docência como profissão de interações humanas*. Trad. João Batista Kreuch. Petrópolis: Vozes.

TUFANO, W. (2002). "Contextualização". *In*: FAZENDA, I. (org.). *Dicionário em construção: Interdisciplinaridade*. São Paulo: Cortez.

VÁZQUEZ, A.S. (1977). *Filosofia da práxis*. São Paulo: Expressão Popular.

VEIGA, I.P.A. (2001). "O cotidiano da aula universitária e as dimensões do projeto político-pedagógico". *In*: CASTANHO, S. e CASTANHO, M.E. (orgs.). *Temas e textos em metodologia do ensino superior*. Campinas: Papirus.

_____ (2004). *Educação básica: Projeto político-pedagógico; Educação superior: Projeto político-pedagógico*. Campinas: Papirus.

_____ (2008). "Organização didática da aula: Um projeto colaborativo de ação imediata". *In*: VEIGA. I.P.A. (org.). *Aula: Gênese, dimensões, princípios e práticas.* Campinas: Papirus.

VEIGA, I.P.A.; RESENDE, L.M.G. e FONSECA, M. (2000). "Aula universitária e inovação". *In*: VEIGA, I.P.A. e CASTANHO, M.E.L.M. (orgs.). *Pedagogia universitária: A aula em foco.* Campinas: Papirus.

VIEIRA, M.P.A.; PEIXOTO, M.R.C. e KHOURY, Y.M.A. (2003). *A pesquisa em história.* São Paulo: Ática.

VILLAS BOAS, B.M. de F. e SOARES, S.L. (2002). "Bases pedagógicas do trabalho escolar". *Curso de pedagogia para professores em exercício no início de escolarização*, vol. 1, mód. I. Brasília: FE/UnB.

_____ (2008). *Virando a escola do avesso por meio da avaliação.* Campinas: Papirus.

WOLFF, F. (1993). "Três figuras do discípulo na filosofia antiga". *Discurso*, n. 22. São Paulo, pp. 123-152.

ZABALZA, M.A. (2004). *O ensino universitário: Seu cenário e seus protagonistas.* Porto Alegre: Artmed.

Documentos consultados

BRASIL (1996). Lei de Diretrizes e Bases da Educação Nacional n. 9.394/96 de 20 de dezembro. Brasília.

CONSELHO NACIONAL DE EDUCAÇÃO (2001). Resolução CNE/CES n. 4, de 7 de novembro. Diretrizes Curriculares Nacionais do Curso de Graduação em Medicina (*Diário Oficial*. Brasília, 9/11, Seção 1, p. 38).

_____ (2002). Resolução CNE/CES n. 3, de 19 de fevereiro. Diretrizes Curriculares Nacionais do Curso de Graduação em Odontologia (*Diário Oficial*. Brasília, 4/3, Seção 1, p. 10).

_____ (2002). Resolução CNE/CES n. 13, de 13 de março. Diretrizes Curriculares para os Cursos de História (*Diário Oficial*. Brasília, 9/4, Seção 1, p. 33).

_____ (2002). Resolução CNE/CES n. 16, de 13 de março. Diretrizes Curriculares para a área de Comunicação Social e suas habilitações (*Diário Oficial*. Brasília, 9/4, Seção 1, p. 34).

_____ (2003). Resolução CNE/CES n. 1, de 18 de fevereiro. Diretrizes Curriculares Nacionais dos Cursos de Graduação em Medicina Veterinária (*Diário Oficial*. Brasília, 20/2, Seção 1, p. 15).

_____ (2004). Resolução CNE/CES n. 7, de 31 de março. Diretrizes Curriculares Nacionais dos Cursos de Graduação em Educação Física, em nível superior de graduação plena (*Diário Oficial*. Brasília, 5/4, Seção 1, p. 18).

_____ (2004). Resolução CNE/CES n. 8, de 7 de maio. Diretrizes Curriculares Nacionais para os Cursos de Graduação em Psicologia (*Diário Oficial*. Brasília, 18/5, Seção 1, p. 16).

_____ (2005). Resolução CNE/CES n. 4, de 13 de julho. Diretrizes Curriculares Nacionais do Curso de Graduação em Administração (*Diário Oficial*. Brasília, 19/7, Seção 1, p. 26).

_____ (2006). Resolução CNE/CES n. 1, de 15 de maio. Diretrizes Curriculares Nacionais para o Curso de Graduação em Pedagogia, licenciatura (*Diário Oficial*. Brasília, 15/5, Seção 1, p. 11).